라프카디오 헌의
일본론

대우휴먼사이언스 004

라프카디오 헌의 일본론

종교로
일본 상상하기

박규태 지음

차례

일러두기
본문에 직접 인용한 헌의 글은 대괄호로 묶어 제목을 밝혀두었다. 예)^[기즈키]

서장

일본이라는 종교

우리에게 일본이라는 나라는 일정한 거리를 두고 바라보면 참으로 흥미롭고 매력적이다가도, 가까이 다가서면 종종 르상티망 resentiment 을 불러일으키는 애증의 대상이다. 아마도 100퍼센트 순수한 사랑이란 어디까지나 환상에서만 존재하는 그런 것이리라. 그렇다면 애증이야말로 사랑의 다른 이름이 아닐까? 우리가 늘 누군가를, 무언가를 사랑하는 것은 바로 이런 의미에서일 것이다. 만일 우리가 일본을 사랑할 만한 이유가 있다면, 그것은 어떤 것일까? 이런 물음에서 비롯한 이 책은, 1890년 처음으로 일본 땅에 발을 내딛은 뒤 1904년 사망하기까지 14년간 메이지 시대 일본에 거주하면서 14권에 이르는 일본 관련 영문 저서와 방대한 분량의 서간문을 통해 서구 세계에 그의 독특한 일본문화론 일본론 을 널리 알림으로써 오늘날까지도 많은 이들에게 '일본인보다 더 일본을 사랑한 외국인'으로 기억되곤 하는 라프카디오 헌Lafcadio Hearn, 1850~1904 또는 일본명 고이즈미 야쿠모小泉八雲의 일본 담론을 분석 대상으로 삼고 있다. 이때 '일본인보다 더 일본을 사랑한 외국인'이라는 명명이 단순한 수사에 그치지 않고 무언가 의미 있는 메시지를 담고 있다면, 헌은 분명 일본에 대한 우리의 빈약한 상상력을 보다 풍부하게 만들어줄 것으로 기대된다.

어쨌든 근대 일본을 대표하는 여러 지식인들에게서도 이런 수사학의 다양한 변주를 엿볼 수 있다. 가령 최초로 일본 미술사를 체계화한 오카쿠라 덴신岡倉天心은 헌 사후 《뉴욕타임스》에 미국 시절 결혼한 아내가 있으면서도 일본 여성과 다시 결혼한 헌의 부도덕성을 지적하는 기사가 실리자, 이에 분노하여 즉시 "우리는 헌에게 최고의 지위를 주는 것에 주저하지 않습니다. …… 우리는 헌이야말로 모든 외국인 저자 중에 가장 일본인과 가까운 심장을 가진 사람이라고 확신하고 있습니다. …… 우리는 그를 국가적 자랑으로 여기고 있습니다"라는 내용의 항의문을 보냈다. 또한 일본 민속학의 창시자 야나기타 구니오柳田國男는 『메이지-다이쇼 시대의 문화사』1931에서 "고이즈미 씨 이상으로 일본에 대해 깊이 있게 이해한 외국인 관찰자는 없다"고 높이 평가했다. 나아가 민예운동가 야나기 무네요시柳宗悅는 《요미우리 신문》에 연재한 글 「조선 사람을 생각한다」1919에서 헌에 대해 "어떤 일본인보다도 일본을 더 잘 이해한 예술가"라고 격찬하면서, 서양인인 헌이 일본의 마음과 영혼을 일본인보다도 더 잘 이해했듯이 자신 또한 그렇게 조선인의 마음을 이해하고 싶다는 심경을 피력한 바 있다. 소설가 아쿠타가와 류노스케芥川竜之介도 "고이즈미 야쿠모 선생이 한 일은 서양인에게 일본을 소개하는 데 그치지 않고, 우리 일본인 자신에게도 일본을 가르쳐주었다"고 하여 헌의 일본 담론이 일본인들에게 일본을 재인식하게 도와주는 중요한 텍스트라는 점을 지적했다. 헌에 대한 이와 같은 경탄 어린 지지는 이 밖에도 1904년 헌을 대신해 도쿄 제국대학 영문과 강사가 된 소설가 나쓰메 소세키夏目漱石라든가 미시마 유키오三島由紀夫를 비롯한 전후 일본의 지식인들에게서도 이어지고 있다.

일본 체류 기간 중에 헌은 서구에서는 이미 저명한 작가이자 저널리스트였지만, 정작 일본에서는 별로 알려지지 않은 인물이었다. 하지만 헌 사후 일본에서는 다나베 류지田部隆次의 평전 『고이즈미 야쿠모』1914를 비롯하여 연구서 및 각종 번역서와 전집류에 이르기까지 헌에 대한 재평가가 널리 이루어지게 된다. 이런 가운데 군국주의 일본은 저술 곳곳에서 엿볼 수 있는 헌의 일본 예찬을 정치적으로 이용했다. 마찬가지로 전시 중 미국도 적국 일본을 알기 위해 『일본: 해석을 위한 시론』이하 『일본』 등 헌의 저술을 적극 참조했다. 하지만 헌 사후 서구에서는 일본과는 달리 헌에 대한 부정적인 평가가 일반화되었고 극단적인 경우 헌은 기

일본이라는 종교

만적인 선전가로 간주되기까지 했다. 특히 1941년 진주만 공습 이후 미국에서는 "저 증오스러운 일본이라는 나라를 미화하여 미국인을 속인 헌"이라는 반응이 대세였으며, 전후 영미권에서는 새로운 세대의 일본 연구자들이 등장하여 헌의 자리를 대신하게 된다. 하지만 이들에게 헌은 그리 주목받지 못했다. 가령 루스 베네딕트Ruth Benedict의 『국화와 칼』1946은 헌의 『일본』에 나오는 한 구절을 스쳐 지나가는 식으로 인용하는 데 그치고 있으며,[1] 저명한 일본통 라이샤워Edwin O. Reischauer의 『미국과 일본』1957이라는 미일관계사 저서에는 아예 헌의 이름이 언급조차 되지 않는다.

이후 에드워드 사이드의 역작 『오리엔탈리즘』이 나온 1970년대 후반에 시작된 탈식민주의적 문학비평 운동으로 헌에 대한 평판이 다시 한번 큰 타격을 입는다. 거기서 헌은 전형적인 오리엔탈리스트로 비판받았다. 그런데 이와 더불어 전후 일본 사회에서는 언제부터인가 '일본인 이상으로 깊이 일본 정신의 본질을 이해하고 체현한 외국인'이라는 통속적인 헌 이미지가 자리 잡게 된다. 이런 와중에 다케우치 요시미竹内好의 '근대 초극론'의 영향으로 근래 헌 연구의 초점은 '일본 정신의 참된 이해자로서의 헌'에서 '크레올creole[2]로서의 헌'으로 이동하는 추세에 있다. 거기서는 헌 일본 담론의 혼효성, 이동성, 월경성이 주목받으면서, 예컨대 헌을 추방한 유럽 근대를 재추방함으로써 모든 패권적 시스템을 거부하기, 그 패권적 시스템으로서의 국민국가에 갇힌 마이너리티 편들기, 글로벌화된 문명제국 안에 산재하는 무수한 로컬적인 토지·풍토·문화를 로컬한 것 그대로 연결해가기, 나아가 헌이 사랑했던 벌레들의 소리와 사자死者들의 소리에 귀 기울이기 등과 같은 새로운 관점의 등장과 함께 근대의 초극을 위한 헌의 방법론이 오늘날에도 여전히 유효하다는 주장들이 나오고 있다.

그런데 특히 2004년 세계적으로 헌 사후 100주년을 기념하는 수많은 학술대회와 이벤트가 열리면서, 이런 흐름이 최근에 다시 한번 바뀌고 있다. 가령 아일랜드에서는 관영신문이 헌을 "당신이 들어본 적이 없는 가장 유명한 아일랜드인"이라고 대대적으로 선전하는가 하면, 일본에서는 헌 기념우표까지 발행했다. 서구에서 헌은 한편으로 여전히 모호하고 한물 간 작가로 간주되고 있다.[3] 그럼에도 다른 한편으로 영어권을 중심으로 매력적인 헌 전기물을 비롯하여 논문과 편집본 등이 꾸준히 나오고 있으며, 서구의 일본 여행자들에게 헌의 저술들이 다시금 중요한 가이드북의 기능을 하는 모습까지 나타나고 있다. 일본에서는 오늘날 『괴담』을 비롯한 헌의 작품들이 '대중적인 국민문학의 경전'으로 받아들여져 종종 초·중·고등학교 교과서에까지 실리는가 하면, 헌 연구 또한 학계의 재조명하에 활성화되면서 전술한

헌 기념공원 내 동상

주일 그리스 대사가 기증한 동상으로 도쿄 세이부신주쿠역(西武新宿駅) 근방에
위치한 헌 기념공원 안에 있다. 1993년에 개원한 이 기념공원은 도쿄 시절 헌이
살던 집터에 조성되었다. 공원 앞의 오쿠보 초등학교 정문 옆에는 "고이즈미
야쿠모 옛 집터[小泉八雲舊居跡]", "고이즈미 야쿠모가 세상을 떠난 곳[小泉八雲
終焉の地]"이라고 새겨진 비석이 서 있다.

'일본인보다 더 일본을 사랑한 외국인'이라는 수사학이 끊임없이 재생산되고 있다.

하지만 이 수사학은 절반의 진실만을 말해준다. 정작 헌은 주변 사람들에게 보낸 방대한 편지글에서 종종 일본과 일본인 이해의 어려움을 토로한다. 가령 1893년 11월 오타니 센타로에게 보낸 편지에서 헌은 "나는 날이 가면 갈수록 일본인을 정말 알 수 없다는 생각이 듭니다"[4]라고 적고 있다. 또한 1893년 1월 17일 체임벌린B. H. Chamberlain에게 보낸 편지에서 헌은 "1년 전에 비하면 나는 일본인에 관해 훨씬 많은 것을 알게 되었습니다. 하지만 그들을 충분히 이해했다고는 도저히 말할 수 없습니다. 내 아내조차 아직 내게는 어딘가 신비스럽기만 합니다. …… 일본인에게는 무언가 이해하기 어려운 인종적 성향 같은 것이 있습니다"[5]라고 하면서 감정을 억제하는 일본인들의 불가해한 태도와 예의에 관해 자신이 경험한 사례들을 자세히 언급하고 있다. 그 후 1902년 11월 웻모어 부인에게 보낸 편지에서도 헌은 자신이 아직 일본 신문도 읽지 못한다는 사실을 정직하게 고백하면서 "나는 도무지 일본을 모르겠습니다. 오직 이 점을 내게 확인시켜 주기에 충분할 만큼만 일본에 대해 알고 있을 뿐입니다"[6]라고 적고 있다. 심지어 헌은 1894년 11월 3일 자로 체임벌린에게 보낸 편지에서 다음과 같이 일본인에 대한 노골적인 혐오감을 드러내

17

기까지 한다.

나는 일본인이 밉고hate 혐오스럽습니다detest. 나는 지난번 한 유럽 상인이 주최한 만찬에도 참석하지 않았습니다. 거기에 일본인이 온 다고 해서이지요. 나는 더 이상 일본인과 교제하고 싶지 않습니다. 나는 더 이상 교육받은 일본인들에게는 아무런 흥미도 없습니다. 심지어 이전에 내게 배웠던 제자들조차도 보고 싶지 않습니다. 나 는 그냥 일본인을 증오할abominate 뿐입니다. 빌어먹을damn 일본인들 같으니라고. …… 일본인은 명예심도 없고 감사할 줄도 모르고 아 무런 생각도 없다고 규정짓는 선교사들의 말이 맞는 게 아닐까 하 는 생각이 들기도 합니다.[7]

그토록 침이 마르도록 일본을 예찬한 헌에게서 이처럼 극단적 인 속내를 듣는다는 것은 거의 믿을 수 없을 만큼 놀라운 일이다. 이로 미루어보건대 '일본인보다 더 일본을 사랑한'이라는 수식어 는 실은 애증이 은폐된 일종의 '환상 스크린'일 수도 있다.

어쨌거나 이처럼 다양한 방식으로 헌의 복권이 진행되고 있는 현 상황을 염두에 두면서, 이 책은 특히 '종교로 일본 읽기'라는 관점을 채택하고자 한다. 왜 종교인가? 무엇보다 헌의 일본 담론 자체가 종교로 일본 읽기라는 관점에 입각해 있기 때문이다. 말

라프카디오 헌의 일본론

년의 헌은 도쿄 제국대학의 강사직을 그만두고 자신의 일본 담론을 집대성한 마지막 저서 『일본』의 원고를 작성하면서 비스랜드E. Bisland에게 보낸 편지에서 "이 원고는 결국 일본에 관한 진지한 저서가 될 것입니다. 그 내용은 일본 사회가 기원전 1000년 전의 고대 그리스 사회의 상태를 나타내고 있다는 것입니다. 제가 말하려는 것은 종교적 일본이며 예술적 또는 경제적 일본은 아닙니다"[8]라고 적고 있다. 여기서 헌이 고대 그리스를 언급하는 맥락은 쿨랑주Fustel de Coulanges, 1830~1889의 『고대도시: 그리스·로마의 신앙, 법, 제도에 대한 연구』1864에서 제시된 관점과 밀접한 관계가 있다.

종교가 그리스·로마의 가족제도를 구성하고 결혼과 가장의 권위를 확립시켰으며 친족관계의 서열을 고정시키고 소유권과 상속권을 신성화시켰다. 나아가 종교는 가족의 연장선상에서 더 큰 공동체 즉 도시를 형성했으며, 가족을 지배한 것과 마찬가지로 도시도 지배했다. 고대인의 제도는 그들의 모든 사법私法과 마찬가지로 종교에서 유래했다. 도시가 그 원칙, 법규, 관습, 행정관직 등을 구비한 것도 종교에 의한 것이다.[9]

헌은 이런 쿨랑주의 주장을 그대로 채용하여 종교적 측면에서 일본을 해석하고자 한 것이다. "한 나라의 사회 상태를 제대로 이해하고자 한다면 그 나라 종교를 깊이 알 필요가 있다"^{(난제)10}는 헌의 말은 이 점을 뒷받침한다.

그러니까 헌은 종교문제를 빼고 일본을 정말로 이해했다고 말하는 것은 도저히 불가능하다는 점을 시사한다. 어느 한 나라의 사회시스템을 진정으로 이해하고자 한다면 그 나라의 표면적인 문화 이해를 넘어서서 내면의 심오한 곳까지 알아야 한다는 것이다. 헌은 대단히 종교적인 성향을 지닌 저널리스트이자 작가로서 40세 때 일본 땅을 처음 밟은 이후 14년간의 일본 체재를 통해 서구 사회에 일본의 맨살을 소개하는 데 성공한 재패놀로지스트로 생애를 마감했다. 그 과정에서 마침내 일본 자체가 그의 '종교'가 되어버린 듯싶다. 이때의 '종교'란 무엇인가? 종교란 대단히 복합적인 문화 체계이다. 그것은 제국주의적 신념 체계로서의 종교, 물음과 해답의 상징 체계로서의 종교, 이데올로기적 환상 체계로서의 종교와 모두 관련이 있다. 다시 말해 헌에게 일본이라는 종교는 일본을 통해 추구했던 그 자신의 실존적인 종교적 물음과 해답, 오리엔탈리즘의 이상화된 표상, '일본인보다 더 일본을 사랑했던 외국인'이라는 수사학의 환상, 또는 '탈아입구脫亞入歐'가 진행되는 동안 일본과 동양을 동일시한 일본 동양학의 환상, 나아가 구 일본에 대한 절대 긍정과 신 일본에 대한 절대 부정을 수반하는 '근대의 초극'이라는 환상, 그리고 일본 중심주의적 내셔널리즘의 정신 양식과 관계가 있다. 우리 앞에는 궁극적으로 이와 같은 헌의 '종교로 일본 읽기'를 따라가면서, 동시에 그에게서 '종교로서의 일본'이라는 옷을 벗겨내고 가능한 있는 그대로의 일본을 들여다보아야 할 과제가 주어져 있다.

자신이 누구보다도 일본을 잘 이해한다고 믿었던 헌은 "일본은 중국을 차치한다면 세계에서 가장 이해하기learn 어려운 나라입니다. 나는 일본인을 가장 진지하게 이해하고자 시도한 유일한 사람입니다. 나의 이런 시도가 꼭 성공할 것으로 믿습니다"[11]라고 대단한 자부심과 자신감을 표명한다. 그렇다면 이런 헌의 시도는 얼마만큼 성공했을까? 헌의 일본 담론은 19세기 메이지 일본과 일본인의 사유방식을 들여다보게 해주는 하나의 거울과 같다. 나아가 그 거울은 과거뿐 아니라 오늘날의 일본과 일본인의 사유방식을 비추어주기도 한다. 이제 헌의 여로를 따라 그 거울 속의 일본을 탐색하는 여행길에 나서 보기로 하자.

일본이라는 종교

1

라프카디오 헌의
생애와 저작

1

헌은 누구인가
레프카다에서 도쿄까지

헌의 다채로운 생애는 크게 유럽 시대_{1850~1869}, 미국 시대_{1969~1890}, 일본 시대_{1869~1904}로 구분할 수 있다. 그 각각의 시기에 대해 간략히 살펴보기로 하자.

1) 유럽 시대_{1850~1869}

헌은 1850년 6월 27일 그리스 이오니아 제도의 레프카다_{Lefcada 또는 Leucadia} 섬에서 아일랜드 더블린의 청교도 집안 출신인 영국인 군의관 찰스 부시 헌_{C.B. Hearn}과 그리스의 귀족 가문 출신인 로자 안토니오 카시마티_{R.A. Kassimatis} 부부의 장남으로 태어나 그리스 정교회의 세례를 받았다. 라프카디오라는 이름은 그가 태어난 섬의 이름에서 따온 것이라고 한다. 다음 해인 1851년 부친이

라프카디오 헌의 생애와 저작

영국령 서인도제도로 전출하면서 헌은 모친과 함께 부친의 고향인 더블린으로 간다. 그러나 교육을 제대로 받지 못해 문맹인데다 영어도 말할 줄 몰랐던 모친은 시어머니에게 환대받지 못했다. 1853년 부친이 귀국했지만 사이가 좋지 않았던 부부는 1857년 이혼하기에 이르렀다. 이후 부친은 곧바로 재혼하여 인도로 부임했으나 두 번째 부인은 그곳에서 죽고, 부친 또한 1866년 귀국 도중 질병으로 사망하고 만다. 헌의 모친도 이혼 후 그리스로 돌아가 재혼했지만, 그후 1882년 정신병원에서 사망한다. 헌의 가족사는 이처럼 연속적인 불행들로 얼룩져 있었다.

어린 시절에 겪은 부모의 이혼과 죽음으로부터 받은 마음의 상처와 더불어 헌에게 평생 중요한 영향을 끼친 사건이 두 가지 더 있었다. 한쪽 눈의 시력을 잃은 것과 가톨릭 신학교에 대한 반감이 그것이다. 모친과의 이별 후 외롭고 쓸쓸한 유년기를 보내던 헌은 부친의 외숙모인 샐리 브레넌의 보호 아래 1863년 잉글랜드 북부 더럼 시 교외의 세인트 카스발트 신학교에 입학하게 된다. 독실한 가톨릭 신자였던 이 대숙모는 부호 미망인으로 자식이 없던 터라 헌에게 각별한 애정을 쏟아 부으며, 그로 하여금 엄격한 가톨릭 교육을 받게 한 후 자기 재산을 상속하겠다는 생각까지 품고 있었다. 더 나아가 가톨릭 신부가 되기를 바라는 대숙모의 기대와 달리, 헌은 신학교의 엄격한 규칙과 종교적 규율에 잘 적응하지 못하고 많은 스트레스를 받았던 모양이다. 이 경험으로 인해 그는 평생 기독교에 반감을 가지게 되었으며 훗날 일본에 가서도 기독교 선교사와는 상종도 하지 않게 되었다. 한편 신학교 시절인 1866년 쉬는 시간에 친구와 놀다가 장난감 총에 맞아 왼쪽 눈을 실명하는 불운을 겪게 된 헌은 정면 사진을 기피할 만큼 생애 내내 큰 콤플렉스를 안고 살게 된다.

2) 미국 시대1869~1890

이처럼 한쪽 눈의 시력을 잃었던 같은 해 부친이 세상을 떠났고 게다가 친척에게 사기당한 대숙모의 파산으로 인해 1867년 학교를 중퇴할 수밖에 없었던 헌은 3년 뒤인 1869년 19세 때 아일랜드 이민선을 타고 단신 도미하여 오하이오 주 신시내티에 도착한다. 더는 대숙모에게서 재정적 지원을 받을 수 없었던 헌은 극도의 궁핍 속에서 행상, 배달원, 호텔 보이 등 온갖 직업을 전전한 끝에 출판업자 헨리 와트킨의 도움을 받아 인쇄 관련 일자리를 얻을 수 있었다. 그러다가 글쓰기 재능을 인정받아 1874년 《신시내티 데일리 인콰이어러Cincinnati Daily Enquirer》 기자가 되어 주로 탐방 기사를 담당하면서 승진도 했다. 이 무렵 헌은 1874년 23세 때 아프리카계 혼혈여성 엘리시아 폴리Alethea Foley와 결혼한다. 그러나 이는 당시 백인과 흑인의 결혼을 금지한 오하이오 주

법률에 따라 위법이라는 한 목사의 고소에 의해 결국 헌는 1875년 신문사에서 쫓겨나고 만다.

이어 1876년 헌은 경쟁사인 《신시내티 커머셜The Cincinnati Commercial》에 입사하여 많은 수필과 기행문을 쓰면서 프랑스 문학의 번역 작업에도 열성을 보였다. 다음 해인 1877년 아내 폴리와 헤어진 헌은 신시내티의 생활에 환멸을 느끼고 미국 남부 루이지애나 주의 뉴올리언스로 이주하여 그곳에서 10여 년간을 지내게 된다. 뉴올리언스는 프랑스계 이주자들의 크레올 문화가 만연했던 곳으로, 이런 혼성문화에 관심을 가지게 된 헌은 『크레올 속담 소사전』1885이라든가 『크레올 요리법』1885과 같은 책을 펴내기도 했다. 이에 앞서 헌은 1881년 뉴올리언스 최고의 신문사인 《타임스 데모크라트Times Democrat》에 입사하여 처음에는 일요신문 기자로 활동하다가 문학부 편집장의 자리에까지 오른다. 이 시기에 그는 유럽 문학 특히 자신의 문체에 많은 영향을 끼친 피에르 로티Pierre Loti, 1850~1923를 비롯한 프랑스 문학의 번역으로 주목받았다. 또한 헌 최초의 작품집인 『이문학 표류기』1884뿐만 아니라 『중국괴담』1887을 펴내면서, 세계 각지의 신화와 설화 이야기를 헌 자신의 관점에서 재해석하여 새롭게 쓴 이른바 '재화문학가story reteller'로 더욱 견고한 명성을 쌓게 된다.

하지만 오래전부터 미국 대도시의 부패한 물질문명과 기계문명에 회의를 품었던 헌은 1887년 《하퍼스 매거진*Harper's Magazine*》의 통신원으로 위촉되어 뉴올리언스를 떠나 카리브 해 서인도제도의 아름답고 소박한 마르티니크*Martinique* 섬으로 이주하여 햇수로 2년간 체재하게 된다. 그후 1889년 미국으로 돌아간 헌은 서인도제도에서의 경험을 토대로 소설 『치타』1889와 『유마』1890 및 기행문 『프랑스령 서인도에서 보낸 2년』1890을 출간했다. 저명한 평론지인 《하퍼스 먼슬리*Harper's Monthly*》의 특파원으로 헌의 일본 파견이 결정된 것도 이 무렵이었다. 일본 파견에 앞서 1884년 뉴올리언스 백년제 만국박람회에 참석한 헌은 무엇보다 일본 전시관에 관심을 보였고 거기서 일본 정부의 관리였던 핫토리 이치조服部一三와 만나게 되는데, 이는 훗날 그가 일본행을 결심하게 된 하나의 계기가 되었다. 이와 아울러 헌이 도일渡日 이전에 읽고 강한 감명을 받은 일본 관련 저작으로 체임벌린이 번역한 『고사기』, 로티의 『국화 아가씨』, 로웰의 『극동의 혼』 등을 들 수 있다.

3) 일본 시대1890~1904

1890년 3월, 불혹의 나이를 넘긴 헌은 삽화 화가와 함께 뉴욕을 출발하여 4월 4일 마침내 요코하마에 도착한다. 오래전부터 동경해 마지않았던 일본과의 우연한 해후는 그의 인생을 180도 전환시키는 계기가 되었다. 선상에서 일본의 아름다운 풍광을 처음으로 목도하면서 "여기서 죽고 싶다"고 외친 헌의 말은 그대로 그의 운명이 되고 말았다. 헌이 일본에서 지낸 14년간의 삶은 마쓰에松江, 1890년 8월~1891년 11월, 구마모토熊本, 1891년 11월~1894년 10월, 고베神戸, 1894년 10월~1896년 9월, 도쿄東京, 1896년 9월~1904년 9월를 무대로 전개되었다. 먼저, 요코하마에 도착한 다음 달인 5월에 《하퍼스 먼슬리》와의 계약을 파기한 헌은 체임벌린의 도움으로 같은 해 8월 현재 시마네島根 현의 현립 마쓰에 심상중학교 및 마쓰에 사범학교의 영어교사로 부임한다. 헌은 훗날 약 1년간 체재했던 이 마쓰에 시절이 자신의 인생에서 가장 행복한 때였다고 회상한다.

이 회상 속의 가장 중요한 장면은 아마도 그와 친밀한 관계에 있던 마쓰에 중학교 교감 니시다 센타로西田千太郎의 중매로 1890년 12월 23일 몰락한 마쓰에 사족의 딸 고이즈미 세쓰小泉セツ와 결혼한 것이리라. 한 번 결혼에 실패한 상처가 있는 아내는 현명한 여성으로 남자의 심리를 잘 파악하고 눈치가 빨라서 헌을 만족시켰던 모양이다. 헌은 예법에 투철했던 아내를 통해 일본적 여성성에 대해 깊은 인상을 받았음에 틀림없다. 하지만 고이즈미家의 데릴사위가 되어 장인, 장모, 아내의 형제 등 대가족을 그의 수입으로만 부양해야 했던 헌에게는 내심 불쾌한 일도 많았을 성싶다. 무엇보다 젊은 시절의 자유롭고 고독한 생활에 익숙해져 있던 헌에게 이런 가장으로서의 속박이 무거운 정신적 부

헌과 일본인 아내 세쓰

어릴 때 한쪽 눈을 실명한 헌은 그 콤플렉스로 인해 항상 정면 사진을 회피했다.

담으로 각인되었으리라는 점을 상상하기란 그리 어렵지 않을 것이다. 그럼에도 이 모든 짐을 참아내고 떠맡았다는 것은 그만큼 그가 무척이나 일본과 일본인 아내를 사랑했기 때문이 아닐까.

당시 인구 4만의 시골 도시 마쓰에는 전통적인 신도적 습속과 신앙이 짙게 남아 있는 곳이었다. 거기서 시간 나는 대로 수많은 신사神社와 사찰을 견학한 헌은 특히 신과 자연과 인간의 연속성을 기반으로 하는 일본 고래의 원형에 가까운 신도를 목격하면서 민중의 심정 안에 있는 소박한 신도적 감각에 주목했다. 특히 그는 이즈모 대사出雲大社를 방문해 그 지방 특유의 국조國造 숭배를 직접 목도했는데, 이는 훗날 천황 숭배에 대한 헌 이해의 토대가 된 체험이었다. 헌이 보기에 일본 민중들이 국조를 숭배하는 태도와 천황을 숭배하는 태도는 구조적으로 별 차이가 없었다. 그리하여 헌은 국가신도에 있어서 천황 숭배의 심정을 국조 숭배의 심정에 비추어 이해하고자 했던 것이다. 이런 이즈모 국조 체험은 헌의 일본 담론에 큰 영향을 끼쳤다.

헌은 마쓰에에서 학생들과 직원들뿐만 아니라 지역 주민들과 신문으로부터 호평을 받았다. 이와 같은 우호적인 평판은 헌의 성실성과 더불어 무엇보다 일본 문화에 동화하려는 적극적인 노력 때문이었을 것이다. 예컨대 헌은 학교에서 집에 돌아오자마자 기모노로 갈아입고 방석에 앉아 담배를 피웠으며 식사도 일

본 요리를 젓가락으로 먹는 등, 무엇이든 일본풍을 좋아했고 서양풍은 싫어했다. 현재 마쓰에 시에는 이런 헌을 추상할 만한 장소가 세 군데 있다. 헌이 마쓰에에 부임했을 때 처음 머문 여관, '고이즈미 야쿠모 구거小泉八雲旧居=ヘルン旧居' 그리고 그 옆에 위치한 '고이즈미 야쿠모 기념관小泉八雲記念館'이 그것이다.

그런데 마쓰에의 추운 날씨를 견디지 못한 헌은 1891년 11월, 3년 계약으로 규슈 구마모토熊本의 제5고등중학교현 구마모토 대학의 전신로 옮겨 영어와 라틴어를 가르치게 된다. 다음 해인 1892년 2월에서 3월에 걸쳐 헌은 《타임스 데모크라트》에 일본 여행기를 연재했다. 이해 여름에는 아내와 함께 하카타와 다자이후太宰府를 비롯한 규슈 각지와 고베, 교토, 나라, 오키隠岐, 미호노세키 등 간사이關西 지방을, 그리고 1893년 7월에는 나가사키를 여행했다. 같은 해 11월 17일 장남 가즈오一雄가 태어났는데, 이는 헌으로 하여금 더욱 가정적이 되어 일에 열중하도록 만든 계기가 되었다. 이 구마모토 시대는 헌이 본격적으로 불교 연구에 돌입한 시기라는 중요한 의의를 지닌다. 하지만 일본 찬미 일색이던 마쓰에 시대와는 달리, 1892년 메이슨에게 보낸 편지에서 "일본의 모든 것이 너무나 절망적이라는 느낌이 들어서 할 수만 있다면 일본을 떠나고 싶다는 생각을 하게 됩니다"라고 적을 만큼 구마모토에서 헌의 정신생활은 실의와 격동과 고뇌에 찬 것이었다.[1] 그리하여 헌은 1893년 1월 17일 자로 체임벌린에게 보낸 편지에서 "환상은 영원히 사라졌습니다. 하지만 즐거웠던 수많은 기억들은 그대로 남아 있습니다"[2]라든가, 또는 니시다에게 보낸 1894년 12월 5일 자 편지에서 "나는 구마모토에서 내가 받은 대접에 너무 진저리가 나서 이즈모의 옛 친구들을 빼고는 모든 일본인이 싫어질 정도입니다"라고 적고 있다.[3]

헌이 이처럼 구마모토를 싫어했던 이유로 그곳이 마쓰에에 비해 너무 크고 근대화된 도시였다는 점, 사원이나 사제도 별로 없고 기이한 풍습이 많다는 점, 그래서 추하고 생경하며 낯선 기분이 들게 했다는 점을 들 수 있겠다. 하지만 이런 건 아마도 핑계일 테고 진짜 이유는 헌이 이 무렵 일본에 대한 환상에서 깨어나기 시작했다는 사실에서 찾아야 할 것이다. 그러니까 구마모토는 일본에 대한 헌의 환멸감이 투사된 일종의 희생양이었던 셈이다. 아마 헌이 계속 마쓰에에 있었다 해도 이런 환멸감을 피할수는 없었을 것이다. 어쨌거나 구마모토 시대부터 일본에 대한 헌의 감정이 근본적으로 바뀌기 시작한 것은 분명해 보인다.

하지만 계약 기간 만료를 앞둔 1894년 1월 27일 헌은 제5고등중학교의 전교생을 대상으로 한 「극동의 장래」라는 주제 강연의 맺음말에서 다음과 같이 '구마모토 정신'에 대해 언급하면서 자신의 혼란스러운 마음을 정리하고 있다. "나는 장래 일본의 위대

구마모토의 헌 저택

헌이 제5고등중학교(현 구마모토 대학)의 영어교사로 부임했을 때 첫 1년간 살았던 집이다. 헌은 이 집에서 일본에 관한 최초의 저서인 『미지의 일본견문기』를 집필했다. 1995년에 헌 기념관으로 복원된 이 구거에는 헌이 아침마다 예배드렸다는 가미다나(神棚)가 전시되어 있다.

성은 단순하고 선량하며 소박한 것을 사랑하고 불필요한 사치와 낭비를 싫어하는 규슈 정신 혹은 구마모토 정신을 얼마만큼 유지하느냐에 달려 있다고 생각합니다."[4] 이와 함께 헌은 같은 해 9월 대부분 마쓰에 시대의 경험을 소재로 쓴 일본에 관한 처녀작 『미지의 일본 견문기』를 출간했다. 현재 구마모토 시에는 '고이즈미 야쿠모 구마모토 구거小泉八雲熊本旧居'가 있다. 이 밖에 구마모토에서 헌은 집제2구거에서 인력거로 현재의 고카이子飼 상점가를 지나 제5고등중학교까지 통근했다고 하는데, 오늘날 이 길은 '야쿠모의 길八雲通り'이라고 이름 붙여져 있다.

3년간의 구마모토 체재 후 헌은 센다이 및 가고시마 학교의 교사 초빙 제의를 거절하고 1894년 10월 고베로 가서 당시 대표적인 영자신문사《고베 크로니클Kobe Chronicle》의 논설기자가 된다. 하지만 헌은 서구 물질문명에 물들어 있는 개항지 고베에 대해 실망을 금치 못했다. 다음 해인 1895년 3월 『동국에서』 그리고 1896년 3월에 『마음』이 출간되었고, 이에 앞선 1896년 2월에 장남 가즈오의 장래와 자신의 사후 상속문제를 걱정한 헌은 일본에 귀화하여 부인의 성씨 및 그가 사랑했던 이즈모 지역의 별칭인 '야쿠모'를 따와 고이즈미 야쿠모小泉八雲라는 일본식 이름으로 개명한다.

그후 헌은 1896년 9월 도쿄 제국대학 문과대학 강사로 초빙 받아 영어와 영문학을 강의하기 시작했다. 헌은 열성적으로 강의에 임했지만, 과중한 강의 부담 때문에 글쓰기에 더 집중할 수 없음을 늘 아쉬워했다. 게다가 헌은 근본적으로 일본 근대화의 상징인 도쿄를 좋아하지 않았다. 심지어 그는 도쿄를 "지옥 같다"[5]고 말한 적도 있다. 그런 가운데 헌은 1897년 2월에 차남이, 그리고 1900년 12월에는 삼남이 태어나는 기쁨을 맛보았다. 이후 1902년 3월에는 번잡한 시내를 벗어나 조용한 외각 지대의 니시오쿠보西大久保, 현 신주쿠 일대로 이사했다. 그러다가 헌은 1903년 3월 도쿄 제국대학에서 문과대학장 이노우에 데쓰지로井上哲次郎의 이름으로 돌연 해고 통지를 받는다. 그의 후임은 근대 일본 문학을 대표하는 나쓰메 소세키였다. 이에 관해 세쓰는 "헌은 해직당한 일을 매우 불쾌하게 생각했다. 그저 흔히 있을 수 있는 일인데도 매우 민감하게 반응했다"[6]고 회고하고 있다. 한편 헌을 깊이 신뢰하고 사랑했던 도쿄 제국대학 학생들은 일방적 해고의 부당성을 지적하면서 유임 운동을 벌이기도 했지만 결과를 뒤집을 수는 없었고, 이에 제자들 중에는 "헌 선생님이 없는 문과대학에서 공부할 생각이 없다"고 하여 법과로 전학한 학생까지 있었다고 한다.

해직으로 인한 실망감을 안은 채 헌은 "일본에 대한 내 첫인상, 즉 매우 따뜻한 어느 봄날, 눈부시도록 하얗게 빛나는 햇빛

속에서 바라본 일본의 모습은 많은 여행자들의 첫인상과 공통되는 것임에 틀림없다. …… 일본에 체류한 지 14년이나 된 지금도 여전히 그 당시의 기억이 되살아난다. 그 이유가 뭔지는 도대체 알 수가 없다. 내가 일본을 잘 모르기 때문일지도 모른다"(기이함과 매력)고 회상하면서, 마지막 대작인『일본』의 집필에 혼신의 힘을 쏟아 붓게 된다. 이 무렵 헌의 가장 친한 일본인 친구가 죽기 직전에 "앞으로 4, 5년쯤 지나도 '일본인을 여전히 조금도 알지 못하는구나'라고 깨달을 겁니다. 그리고 그때서야 비로소 일본인을 조금씩 알아가게 될 겁니다"라고 말한 예언의 진실을 깨달은 후에야 헌은 비로소 자신에게『일본』을 쓰기에 충분한 자격이 있음을 느꼈다고 한다.[7]

한편 헌이 해임당한 같은 해 9월에 장녀가 탄생했고, 이 무렵 와세다 대학 학생들 사이에서 초빙 움직임이 일어 헌은 1904년 4월부터 와세다 대학 문학부 강사로 취임하여 영문학을 강의하게 되었다. 하지만 1904년 9월 26일 헌이 심장병으로 사망하면서 이 강의는 오래 가지 못했다. 9월 30일 후시데라瘤寺, 현재의 천태종 엔유지圓融寺에서 불교식으로 장례식이 거행되었고, 그의 유골은 현 도쿄의 도요시마豊島 구 조시가야雑司ヶ谷 공동묘지에 묻혔다. 법명은 '정각원정화正覺院淨華 야쿠모 거사'였다. 이 죽음에 앞서 헌은 자신의 죽음을 예견이나 한 듯이 자신이 죽더라도 절대 울지

말 것, 슬퍼하지 말고 기뻐할 것, 장례식은 간소하게 하고 작은 항아리에 유골을 넣어 시골의 쓸쓸한 작은 절에 묻어줄 것 등을 유언처럼 남겼다. 이 도쿄 시대에 헌은 『불국토의 낙수』, 『이국 풍물과 회상』, 『일본 동화집』, 『정령들의 일본에서』, 『그림자』, 『일본 시집』, 『일본 수상집』, 『고토』 등 다수의 단행본을 출간했으며, 사후에 그의 가장 유명한 작품인 『괴담』과 그의 마지막 저작인 『일본』을 비롯하여 각종 서간집과 강의록들이 속속 출판되었다.

4) 헌의 인품

이상에서 간략히 살펴본 것처럼 레프카다에서 태어나 더블린, 더럼, 신시내티, 뉴올리언스, 마르티니크, 마쓰에, 구마모토, 고베를 거쳐 도쿄에서 운명하기까지 다채로운 삶을 살았던 헌의 인품과 성격에 관해 13년의 세월을 함께 한 아내만큼 속속들이 잘 아는 사람은 없을 것이다. 세쓰의 회고에 의하면 그는 지극히 양가적인 인물이었던 것 같다. 헌은 섬세하고 예민하며 다감한 성품에다 매우 정직했고 선량했으며 여자보다도 부드럽고 친절했다. 특히 아내와 자식을 위해 늘 노심초사하여 일본에 귀화도 했고 직장도 열심히 다녔다. 다른 한편으로 싫은 것은 조금도 참지 못했고 돈에는 전혀 관심이 없는 고집쟁이에다 지나치게 편벽된 성격의 소유자이기도 했다. 가령 그는 기독교라든가 근대적 문물과 기술문명 등 서양과 관련된 것은 무엇이든 싫어했고 반대로 일본 전통과 관련된 것은 무엇이든 좋아했다. 심지어 서양 것이라면 무조건 싫어하는 일본인에게 호감을 가질 정도였다.

세쓰는 헌이 특별히 좋아한 것과 싫어한 것의 리스트를 다음과 같이 들고 있다. "좋아하는 것: 일본풍, 본오도리, 돌지장[石地藏], 괴담, 시골, 장지壯紙, 꿈같은 세계, 우라시마 타로浦島太郎[8], 연극, 서쪽 방위, 석양, 여름, 바다, 수영, 바쇼芭蕉, 삼나무, 쓸쓸한 무덤, 벌레 소리, 봉래산蓬萊山, 마르티니크 섬, 마쓰에, 미호美保, 히노미사키日御碕, 담배, 그림. 싫어하는 것: 서양풍, 도시, 예복, 정장, 단정한 것, 유행, 추위, 거짓말, 집단적 괴롭힘, 와이셔츠, 뉴욕, 문명의 이기." 심지어 헌은 실제로 전차를 한 번도 타지 않았으며, 아내와 자식들한테도 타지 말라 했다고 한다.[9] 좋은 것과 싫은 것이 지나치게 분명했던 헌의 외골수적인 성격을 잘 엿볼 수 있는 대목이다.

헌 성품의 모난 측면은 그가 1896년 이후 체임벌린에게 절교를 선언한 데서도 잘 엿볼 수 있다. 그런 가운데에도 체임벌린은 헌이 도쿄 제국대학 강사로 채용될 수 있도록 추천장을 써주었다. 그럼에도 헌이 체임벌린과의 관계를 끊어버린 이유는 무엇이었을까? 혹자는 헌이 정말 싫어했던 구마모토에서 벗어날 수 있도록 체임벌린이 도와주지 않았기 때문이라고 해석하기도 한다. 이와 관련하여 헌은 체임벌린에게 보낸 편지에서 "당신이나 메이슨 누구에게 화를 내야 할지 모르겠습니다. 하지만 나는 원망스러울 뿐입니다. 당신들은 내가 구마모토에서 보낸 2년 동안 온갖 지옥을 경험했다는 사실을 알아야만 합니다. 그런데도 당신들은 나를 돕기 위해 펜을 들지 않았습니다"[10]라고 적고 있다. 한편 헌이 절교를 선언한 것은 자신이 숭배하는 스펜서의 책을 체임벌린이 조금도 읽어주지 않는 것을 알고는 분노했기 때문이라든가 혹은 메이지 일본에서 천황제나 충군애국의 문제를 둘러싸고 둘 사이에 심각한 의견 차이가 있었기 때문이라는 해석도 가능하다. 하지만 일본에 관한 첫 번째 저술인 『미지의 일본 견문기』 제1권을 헌정할 만큼 헌에게 중요한 인물이자 고마운 은인이었던 체임벌린과 이런 정도의 이유로 절교한다는 것은 아무래도 헌의 모난 성격에 의한 것으로밖에는 달리 설명할 길이 없어 보인다.

어쨌든 이처럼 양가적 성격을 지닌 헌은 글쓰기 외에 다른 세상사나 교제에는 무척 서툴렀고 관심도 없었다. 항상 남은 시간이 많지 않다고 말하면서 단 1분도 아까워했고, 모든 일상적인 일들을 아내에게 맡긴 채 그저 서재에 틀어박혀 상상의 세계에 살면서 글 쓰는 것을 가장 좋아했다. 그렇게 책을 읽거나 글을 쓸 때의 헌은 지나치게 예민하고 까다로웠다. 그래서 가족들은 아이들의 떠드는 소리나 걸음 소리 등도 일체 들리지 않도록 조심해야만 했다. 헌이 글쓰기에 열중할 때는 식사도 잊고 램프 심지가 타서 검은 연기가 방안에 가득 차도 몰랐으며 위스키를 와인인 줄 알고 마신다든지 소금을 설탕인 줄 알고 커피에 타서 마신 적도 있다고 한다. 심지어 헌은 글쓰기에 몰두하면서 종종 기이한 것을 보거나 듣기도 했다. 이런 환상과 환청 때문에 아내는 헌의 정신이 이상해지는 건 아닐까 걱정하면서 종종 "당신, 꿈에서 깨어나세요. 제발"이라고 말하곤 했다.

2

헌의 주요 저작

일본에 관한 총 15권의 헌 저작은 그의 글쓰기 경향의 변화를 기준으로 볼 때 크게 초기, 중기, 후기의 세 단계로 구분할 수 있다. 이 중 초기 저작이 『미지의 일본 견문기』로 대표되는 견문록 중심이라면, 중기 저작은 서민들의 일상과 마음의 세계를 그린 『마음』으로 대표된다. 이에 비해 후기 저작은 『일본 동화집』1898, 『정령들의 일본에서』1899, 『그림자』1900, 『일본 수상집』1901, 『고토』1902, 『괴담』1903 등 재화문학 중심의 작품들과 『일본 시집』1900 및 그의 일본 담론을 집대성한 『일본』을 포함한다. 이처럼 후기에 재화문학 관련 저작이 집중적으로 간행된 것은 헌이 어디까지나 문학자였다는 사실을 상징적으로 잘 보여준다. 다음에서는 헌의 일본 담론을 이해하는 데 가장 중요하다고 여겨지는 여섯 작품 즉

『미지의 일본 견문기』,『동국에서』,『마음』,『불국토의 낙수』,『괴담』,『일본』의 내용에 관해 간략히 스케치하고 넘어가기로 하겠다.

1)『미지의 일본 견문기』*Glimpses of Unfamiliar Japan*1894

이는 대부분 마쓰에 시대에 집필되었고 소재도 많은 부분이 마쓰에 시절의 체험과 관련되어 있으며, 뉴올리언스의《타임스 데모크라트》및《애틀랜틱 먼슬리*Atlantic Monthly*》에 게재한 원고를 모아 두 권으로 출간한 최초의 일본 관련 저서이다. 이 책이 미국에서 출판된 1894년은 일본이 청일전쟁에 돌입한 해인데, 이 전쟁에 의해 비로소 극동의 섬나라를 알게 된 서구 제국은 일본이라는 미지의 나라에 대해 큰 관심을 기울이게 되었다. 이 책을 읽고 마쓰에를 방문한 서구인들이 있을 정도로 그 등장은 타이밍이 절묘했던 것이다. 체임벌린이 헌의 3대 걸작 중 하나로 꼽은 이 저서는『프랑스령 서인도에서 보낸 2년』1890의 도식을 그대로 답습하여 크게 성공했다. 스펜서 사회철학의 영향을 받은 헌이 일본 민족의 형성이라는 문제를 종교와 민속에 중점을 두어 서술한 이 대작의 서문은 일본인 생활의 아름다움이란 서양에 물든 상층 지식인 계급이 아니라 일반 대중들이 믿는 민간신앙 안에 가장 잘 드러난다는 점을 분명히 밝히고 있다.

라프카디오 헌의 일본론

제1권에 실린 총 15편의 글 중 1890년 4월 4일 헌이 일본 땅을 처음으로 밟은 직후의 인상을 적은 기행문인 「극동에서의 첫날」과 「에노시마 편력」은 신비롭고 경이로운 일본에 대한 오리엔탈리즘적 찬탄으로 가득 차 있다. 마찬가지로 몽환적인 일본 표상을 잘 보여주는 「본오도리」는 헌이 중학교 영어교사로 부임하기 위해 요코하마에서 마쓰에로 가는 도중 돗토리 현 산간의 작은 마을인 가미이치上市, 실은 시모이치下市에서 목도한 본오도리盆踊り[11] 춤에 관한 기록이다. 이때 그가 묵었던 여관 '소멘야'와 본오도리가 행해진 묘원사妙元寺는 지금도 남아 있다. 이 글의 결말부에서 헌은 본오도리에서 "나 개인의 생명보다도 무한히 오래된 것, 널리 태양 아래 살아 있는 모든 만물의 기쁨과 슬픔에 공명을 발하는 것"을 느꼈다고 적고 있다. 한편 헌의 신도관과 관련하여 이 책의 가장 핵심적인 글 중 하나라 할 수 있는 「신국의 수도」는 훗날 중학교 교과서에 실리기도 했으며, 노을 지는 신지호宋道湖와 마쓰에 시내의 모습들, 가령 아침 풍경을 쌀 찧는 방아 소리, 다양한 장사치 소리, 호수 위에서 박수치는 소리, 다리를 건너는 사람들의 게다 소리 등을 마치 회화처럼 아름답게 묘사하고 있다.

위 글과 함께 제1권을 대표하는 「기즈키」는 현재 시마네 현 이즈모에 있는 유명한 이즈모 대사에 관한 글이다. 헌은 외국인으로서 이즈모 대사 본전에 들어간 최초의 인물이었는데, 그는 평생 이를 자랑으로 여기면서 이즈모 대사의 궁사宮司와 평생 친분을 나누었다. "이즈모 대사를 본다는 것은 오늘날 살아 있는 신도의 중심을 본다는 것"이라고 잘라 말하는 헌의 신도 연구는 마지막 저작인『일본』보다 체계적으로 서술되어 있다. 일본 신화는 이 이즈모 대사의 주신 오쿠니누시大國主神의 조상을 스사노오素盞嗚尊로 설정하고 있다. 「야에가키 신사」는 이 스사노오와 그의 아내 이나다히메稻田姬命의 신화적 로망스를 무대로 하는 마쓰에 근교의 야에가키八重垣 신사에 관한 글이다. 여기서 헌은 특이한 형태의 나무에 신이 깃든다는 수목 숭배 및 그것과 관련된 신도적 자연숭배에 주목한다. 예컨대 헌은 "사쿠사메佐久佐女의 숲이라 불리는 곳에는 옛날 이나다히메가 거울 대신 사용했다는 거울연못이 있다. 그곳은 인연을 맺어주는 연못이라 불린다. 그 옆에는 부부삼나무라 불리는 두 그루의 나무와 아메노카가미天鏡 신사가 있다"고 적으면서 그 숲 속에 떠도는 어떤 강렬한 신적인 것을 감지하고 있다.

헌은 마쓰에에 부임한 이후 다음 해까지 이 책의 집필을 위한 자료 수집을 위해 신혼의 아내와 함께 전술한 이즈모 대사와 야에가키 신사를 비롯하여 히노미사키日の御崎, 미호노세키美保の関, 구케도潛戸[12] 및 멀리 오키까지 여러 곳을 답사한 후 친우인 체임벌린에게 여행 이야기를 적은 편지와 함께 여러 신사에서 입수

한 부적들을 보내주었다. 「어린아이 영혼의 동굴」은 이 중 하나인 구케도 여행기로, 여기서 헌은 가카우라加賀浦의 해안 절벽과 동굴을 신적인 것으로 묘사하면서 지장 신앙과 관련된 아이들의 슬픈 정령 이야기를 적고 있다. 헌은 여행 후 체임벌린에게 보낸 편지에서 "마치 잠자고 있는 듯한 작은 항구인 가카우라에 갔었는데, 그곳은 내 마음에 너무나 쏙 들었습니다. 그 마을의 주민들은 내가 지금까지 본 중에서 가장 아름답고 느긋하고 인상적인 사람들이었습니다. …… 나는 이런 가카우라를 통째로 사서 집안 거실에 가져다놓고 싶을 정도였습니다"[13]라고 적고 있다.

『미지의 일본 견문기』 제2권에 수록된 12편의 글 중 첫 번째 글인 「일본의 정원」은 마쓰에 시대의 두 번째 주거지현 고이즈미 야쿠모 구거의 정원을 중심으로 일본인의 일상생활, 자연과의 교섭, 전통적 정신, 작은 동식물 등에 대한 헌의 섬세한 감상을 적은 글이다. 두 번째 글인 「가정의 제단」은 헌이 구마모토에 정착한 직후인 1891년 11월 하순부터 집필을 시작한 것으로, 일본 가정의 신단神棚과 불단佛壇에 관한 내용으로 이루어져 있다. 당시 이즈모 지방의 가정에서 조상숭배 모습을 관찰하면서 헌은 신도의 본질에 대해 다음과 같이 적고 있다. "일종의 원시적인 의식, 예스러운 축문과 제문, 그리고 가난한 신자들의 소박한 생각 속에 신도가 그 모습을 드러낸다. 스펜서의 말을 빌자면 이는 '모든 종교의 근저를 이루는 것', 즉 사자死者에 대한 존숭의 염念이라 할 수 있다." 이 밖에 「일본해를 따라」에서는 일본의 불교 신앙에 관한 아름다운 습속들이 소개되어 있고, 「영어교사의 일기」에서는 헌이 근무했던 마쓰에 심상중학교를 무대로 당시 젊은 학생들의 마음가짐, 서양인에 대한 기백, 무사도 정신 등을 묘사하고 있다.

한편 제2권의 압권이라 할 만한 「일본인의 미소」는 아쿠타가와 류노스케의 탁월한 일본문화론인 「신들의 미소神々の微笑」1923의 전거가 된 글로, 미소라는 독특한 감정 표출을 통해 일본인의 정신에 대해 묘사한 수작이다. 《애틀랜틱 먼슬리》1893년 5월에 이 글이 발표되었을 때 서구 독자들에게서 받은 놀라운 주목과 높은 평판은 지극히 당연해 보인다. 이 글은 당시 서구에서 최신의 일본문화론으로 높은 평가를 받은 퍼시벌 로웰의『극동의 혼』1888에 대한 정면 반론으로 쓰인 것이다.

2) 『동국에서』Out of the East』1895

이는 구마모토 시대의 견문을 중심으로 쓴 저서로 동서 비교문화론이 두드러진다. 총 11편의 글 중 「규슈의 학생들과 함께」는 구마모토 제5고등중학교 학생들과의 만남에 관한 글인데, 여기서 고대 그리스 정신과 상통하는 무사도 세계와 조우한 헌은 일본 민족 고유의 정신을 지탱하는 봉건적 세계와 거기서 일탈하려는 젊은이들의 왕성한 진보적 기운 그리고 나아가 단순하고 조야하지만 직선적인 인정과 호탕한 기질을 느꼈다고 적고 있다. 이는 마쓰에 풍토에서는 경험하지 못했던 것이었고, 이런 의미에서 헌의 일본 담론은 구마모토에서 새로운 시각을 획득했다고 말할 수 있겠다. 가령 이 글에서 헌은 청일전쟁이라는 긴박한 상황하에 전통적인 윤리가 발양되는 것을 목도하면서 감격에 찬 어조로 일본을 찬미하고 있다. 헌이 구마모토 제5고등중학교의 한문교사이자 국학자인 아키쓰키 데지로秋月悌次郎에 대해 "그 용모가 신과 비슷했다"고 기술하는 대목도 이런 감격과 무관하지 않을 것이다.

한편 탁월한 일본문화론이라 할 만한 「유도」에 등장하는 구마모토 제5고등중학교 교장은 후에 강도관講道館[14]의 창설자인 가노 지고로嘉納治五郎였다. 이 글은 이 유도 달인에게 들었던 무도의 요체에서 헌이 읽어낸 일본 민족의 우수한 특질에 관한 시론이다. 헌은 메이지 중기에 일찍이 일본 문화의 특성을 상대방의 힘을 역으로 이용하여 승리한다는 유도 정신에서 읽어낸 것이다. 이는 오늘날의 수많은 일본문화론에 견주어 보아도 헌의 독창적인 탁견을 인정할 수 있는 대목이다. 「요코하마에서」는 학식 높은 한 노승과의 심오한 불교 문답 형식을 통해 헌이 도일한 이래 최초의 불교론을 전개하고 있다. 여기에 등장한 문제들이 발전되어 후년 헌의 역작 「전생 관념」과 「열반」 등으로 결실을 맺었다는 점에서 이 글은 대단히 중요한 의의를 가진다. 이 밖에 다소 도식적이긴 하지만 무사의 피_{혈통}와 농민 및 상인의 피의 차이를 둘러싸고 두 여성을 중심으로 심리적인 세부 묘사에 치중한 「붉은 혼례식」, 예술에서 엿볼 수 있는 서양의 여성 숭배 전통과 일본의 여성관을 비교 고찰하면서, 일본 여성과 사회조직의 관계를 '기리_{義理}'라는 관점에서 논한 「영원의 여성」 등도 주목할 만하다.

3) 『마음*Kokoro: Hints and Echoes of Japanese Inner Life*』1896

이는 대부분 고베 시대에 쓴 것으로 헌 일본 담론의 중기를 대표하는 저술이다. 제목 그대로 일본인의 외향적 생활이 아니라 내면적인 마음의 세계를 파고들면서 단순한 관찰자로서가 아니라 민중들의 평범한 일상생활에 참여하고 그들의 생각을 읽어냄으로써 서구 독자들의 마음속에 일본인의 생활에 대한 생생한 인상을 떠올릴 수 있도록 하는 것이 이 책 집필의 동기라 할 수 있다. 따라서 이 책은 기행문과 견문기라든가 비교문화론의 경향 대신 이름 없는 일본 서민들의 마음의 드라마가 중심이 되어 있다. 또한 예전의 화려한 문체와 지방적인 색채도 별로 보이지 않는다.

15편의 민간 설화 및 일본에 대한 9편의 에세이 중 「일본 문명의 천재성」은 청일전쟁에 접한 일본인의 특성과 정신 구조를 묘사한 작품이다. 이때 헌은 불교 사상의 영향과 감화에 주목하면서 이를 서구인의 정신 구조 및 문화 구조와 비교하고 있다. 일단 일본 정신을 찬미하는 글이지만, 꼼꼼히 읽어보면 일본에 대한 통렬한 경고가 숨겨져 있다. 그러면서도 헌은 일본인들이 변화에 잘 적응하는 특별한 능력을 가지고 있으며, 특히 전쟁과 관련하여 선천적으로 우수한 성향을 가지고 있다고 주장한다. 가령 청일전쟁과 시모노세키 조약에 대해 서술하는 「전쟁 후에」의 한 대목에서 헌은 일본이 중국과 한국에 대해 공격적이고 성공적인 군사력 사용을 통해 재빠르게 힘과 자신감을 구축해갔다고 기술한다. 이와 아울러 헌은 효고 현과 고베의 일본인들이 청일전쟁의 승리에 대해 환희하면서 의기양양하게 반응한 많은 사례들을 제시하는 한편, 군사적 승리 이후의 국가적 분위기를 자세히 서술하는 가운데 일본이 취한 새로운 노선에 대해 다음과 같이 우려와 염려를 표명하면서 다가올 위험을 경고하기도 한다. "미래의 위험은 바로 이 엄청난 자신감에 있다. 그것은 승리에 도취한 새로운 감정이 아니다. 그것은 계속된 승리로 오직 강해지는 데에만 전력투구하는 민족 감정이다."

이어 헌이 3년에 걸쳐 쓴 「어느 보수주의자」는 서구 문명을 배우려는 한 일본 귀족 청년의 이야기를 적고 있다. 이 주인공은 서구 문명을 더 잘 배울 목적으로 선교사의 종교적 신앙을 받아들였다가 더는 필요가 없어지자 그 신앙을 거부한다. 헌 자신도 후일 도쿄 제국대학에서 동료들로부터 거부당하고 일방적으로 해임당했다. 하지만 이 글의 취지는 일본의 치부를 드러내는 데에 있다기보다는, 독자들에게 당시 일본인들의 인내력과 호전적인 정신을 보여주려는 데에 있다. 나아가 이 글이 가지는 가장 큰 의의는 자국 문화란 이국 문화를 보지 않으면 잘 알 수 없다는 관점에 입각하여 이문화에 대한 이해를 수반한 보수 정신이야말로 자국의 문화를 지키고 추진하는 원동력이 될 것이라고 시사한 점에 있다. 이에 비해 「여행일기에서」는 오사카와 교토를 여행하면서 쓴 일기문으로, 일본의 산업 발달 규모에 대해 감탄과 비판의 복잡한 심경을 다음과 같이 서술하고 있다. "좋은 것들이 그곳에 있지만, 없기도 하다. 아마도 국가가 돈이 되는 곳에 모든 에너지와 재능을 쏟아붓고 있다는 열정의 증거일 것이다." 나아가 「기차 정거장에서」는 후쿠오카에서 구마모토로 이송된 살인범과 그에 의해 4년 전 살해당한 관리 유가족과의 조우라는 특이한 소재를 다루고 있다. 거기서 한 철도 관리는 어린 아이에게 아버지를 죽인 살인범을 똑바로 보라고 강요한다. 그것이 자식으로서의 의무라는 것이다. 한편 「조상숭배에 관한 단상」은 일본인의 정신 구조를 신도 및 불교의 영향과 관련시켜 파악하고 있다. 여기서 헌은 신도적 진리의 특수한 요소로서, 생자의 세계가 사자의 세계에 의해 직접 지배받는다는 신념을 들고 있다. 인간의 모든 충동과 행위는 신의 소업이며, 사자는 모두 신이 된다는 것이 신도의 기초 관념이라는 것이다. 이 밖에 「업의 힘」과 「전생 관념」에서는 헌이 일본에 오기 전부터 관심을 기울여온 불교 사상에 관한 깊이 있는 사색을 펼치면서, 금후 서양 문명은 더욱더 동양 문명에서 배워야 한다는 점을 강조하고 있다.

4) 『불국토의 낙수』*Gleanings in Buddha-Fields*』1897

이 책 최대의 관심사는 생사와 영혼의 문제이다. 헌은 1896년 고베 시대에 일본으로 귀화한 후 도쿄 제국대학 강사로 초빙 받아 《고베 크로니클》사를 퇴사하고 도쿄로 이사했는데, 거기서 집 근방의 고부테라贈寺라는 유명한 절의 주직丹波師과 친해져 불교에 관해 많은 배움을 얻고 그 절의 묘지를 자주 산책하곤 했다. 「일본 속요에서의 불교 인용」은 이 무렵에 이루어진 연구의 산물이다. 이에 비해 탈고에 3년이 걸렸다는 「열반nirvana」은 미국 시대부터 이어진 주제를 심화한 것으로, 불교에 관한 헌의 글 중에서도 가장 철학적이고 전문적인 연구에 속한다. 이는 불교와 관련하여 「전생 관념」과 쌍벽을 이루는 걸작 혹은 "헌 불교 연구의 최고봉"[15]이라고 평가받기도 한다. 한편 「생신a living god」에서 헌은 살아 있는 사람을 신으로 제사 지내는 독특한 일본적 민간신앙에 관심을 표명하고 있다. 여기에 나오는 생신 중 하마구치 고헤에濱口五兵衞[16] 관련 부분은 훗날 일본 교과서에 실리기도 했다. 또한 헌은 이 글에서 전형적인 신사 건축양식에 주목하면서, "인공적인 착색은 일체 하지 않는다. …… 무성한 풀로 뒤덮인 시골의 신사는 목수가 세운 것이라기보다는, 풍경의 일부분인 돌과 나무가 자연과 밀접하게 결부되어 있듯이 마찬가지로 자연과 밀접하게 결부된 그 토지의 태곳적 신이었던 대지신의 현현이라 할 수 있다"는 감회를 서술하고 있다. 이 밖에 망령과의 교류를 다룬 「인형의 묘」라든가, 전생의 기억과 재생을 다룬 「가쓰고로勝五郎 환생기」와 같은 글은 괴담류를 좋아했던 헌의 취향을 잘 반영하고 있다.

5) 『괴담』Kwaidan_1904

이는 고바야시 마사키小林正樹 감독의 〈괴담〉1965으로 영화화될 만큼, 헌 저작 중 아마도 일본 내에서 아이든 어른이든 할 것 없이 가장 많은 사랑을 받아온 책일 것이다. 헌은 체임벌린에게 보낸 편지에서 "새로운 '일본 옛날이야기 총서' 편찬을 어떻게 생각하시는지요? 기이한 삽화와 너무나도 훌륭한 조화를 이룬 이야기들을 저는 아주 많이 가지고 있습니다. 이런 것들이 돈이 되지 않을까요?"[17]라든가, "저는 당신이 저 재미있는 '옛날이야기'에

별 관심이 없다는 말을 듣고 실망했습니다. 그것으로 저는 큰돈을 벌 수 있다고 생각했습니다. 출판되었다면 틀림없이 수천 권이 팔렸을 겁니다"[18]라고 적고 있다. 결국 총서 발간은 무산되었지만, 위 인용문은 괴담류의 출판에 헌이 얼마나 큰 기대를 걸었는지를 엿볼 수 있게 해준다. 헌은 원래부터 기괴하고 그로테스크한 것에 대해 비상한 관심을 보였다. 이와 관련하여 아내 세쓰는 "헌은 괴담을 매우 좋아해서 '괴담책은 나의 보물입니다'라고 말했습니다. …… 저는 스산한 밤마다 램프 심지를 끄고 헌에게 괴담을 말해주었습니다. 헌은 제 이야기를 들을 때마다 특히 목소리를 낮추고 숨죽여 무서워하곤 했습니다. 너무나도 무서워서 어쩔 줄 몰라 하는 모습이었습니다. …… 그즈음의 저희 집은 마치 유령의 집 같았습니다"[19]라고 회상한다. 헌은 『괴담』 맨 처음에 나오는 「귀 없는 호이치」 이야기를 특히 좋아했다고 한다.

6) 『일본: 해석을 위한 시론』*Japan: An Attempt at Interpretation*』1904

러일전쟁 기간 중에 집필된 이 책은 초기의 감성적 태도에서 학자적 자세로의 전환을 보여준 논문 스타일의 저서로서 헌 일본 담론의 집대성이라 할 수 있다. 헌은 "이 책이 나를 죽입니다"[20]라고 말할 정도로 집필에 혼신의 힘을 다했다. 도쿄 제국대학에서 해임당한 후 헌은 미국 코넬 대학에서 일본 문화에 관해 연속

강연을 할 예정이었으나, 공교롭게도 코넬 대학 내에 장티푸스가 발생하는 바람에 이 기획은 중지되고 말았다. 원래 이 강연을 위해 준비한 원고들을 정리하여 출간한 이 저술은 신도를 중심으로 종교적 측면에서 일본인의 정신 형성과 국민성의 특징을 해명하려는 시도로서, 스펜서의 진화론과 쿨랑주의 『고대도시』에서 받은 절대적인 영향이 두드러진다. 이 책은 태평양전쟁 중 미국이 일본인의 심리를 이해하는 데에 가장 유익한 자료로 활용됨으로써 대일본 심리전에 매우 중요한 역할을 수행하기도 했다.

총 22장 중 「고대 제사」, 「가족 종교」, 「일본의 가족」, 「지역사회의 제사」, 「사자死者의 지배」, 「충忠의 종교」 등은 조상숭배와 '사자의 종교'를 중심으로 고대 그리스와 구 일본 및 근대 일본 문명의 유사성을 규명하고 있다. 헌에 의하면, 일본인은 고대 그리스인과 마찬가지로 사자가 여전히 현세에 머물면서 후손들과 교섭을 유지하며 현세의 행복은 이런 사자의 덕택이라고 생각하여 조상에 대한 제사를 중시해왔다. 헌은 이런 조상숭배의 세 가지 형식으로서 가족의 조상을 제사 지내는 가정 제사, 씨족 혹은 부족 조상을 제사 지내는 지역사회의 제사, 천황가의 조상을 제사 지내는 국가 제사를 거론하고 있다. 제4장에서 상술하듯이, 일본 종교의 토대는 조상숭배에 있다는 것이다. 나아가 「신도의 발달」, 「예배와 정화」, 그리고 신도에 관한 마지막 글인 「신도의 부활」 등에서 헌은 스펜서의 사회진화론에 입각하여 조상숭배에서 진화한 것이 신도라고 주장하면서, 이 조상숭배와 관련된 신도의 다양한 정화의례 및 신도적 신 관념의 정식을 제시한다. 다시 말해 사자는 죽음에 의해 신비스러운 힘을 얻어 '상위자' 즉 가미神가 된다고 본 것이다.

한편 「불교의 전래」와 「고차적 불교」에서는 일본에서 불교 수용의 역사를 규명하는 한편, 스펜서의 불교 철학 이해에 입각하여 특히 무상無常과 업業 사상에 주목하고 있다. 이때 헌이 말하는 '고차적 불교the higher Buddhism'란 '철학적 불교philosophical Buddhism'와 동일한 의미라는 점에 유념할 필요가 있다. 일본어판 및 한국어판은 이것을 '대승불교'라고 번역하고 있는데 이는 결정적인 오류라 아니할 수 없다. 하여간 이상에서 논한 종교 담론을 토대로 헌은 「사회조직」, 「전 시대의 유물」, 「현대의 억압」, 「관제 교육」 등에서 주로 일본 사회시스템의 기층에서 작용하는 강력한 억압과 금지의 유형 및 특성을 분석하고 있다. 나아가 「산업의 위기」 및 이 책의 결론에 해당하는 「성찰」에서 헌은 근대 일본이 직면한 최대 위기의 근본적인 원인을 '개인의 자유'의 결여에서 찾으면서 일본의 미래에 대해 날카로운 경고와 함께 애정 어린 기대를 전망하는 투철한 문명비평가의 모습을 보여준다.

7) 기타 저술

이상과 같은 헌의 저작들은 일본인의 사자 관념, 조상숭배, 불교, 신도, 기독교, 유교 등의 종교를 중심으로 일본인의 미소, 정원, 석불, 일본 여성 등 일본문화론에서 역사와 사회조직 원리에 이르기까지 실로 다양한 주제들을 포괄하고 있다. 이 밖에 헌의 저작으로 방대한 분량의 서간문 및 영문학 평론 등이 있다.

먼저 헌의 서간집으로는 그의 가장 절친했던 여자 친구 비스랜드 여사가 편집한 두 권의 『라프카디오 헌의 생애와 서간문』1906 및 『라프카디오 헌의 일본 서간집』1910이 가장 대표적이다. 헌의 서간문은 이후에 추가로 발견된 것까지 합치면 총 800여 통이 넘는데, 그가 편지를 교환한 수많은 인물 중에는 체임벌린과 비스랜드를 비롯하여 미국 신시내티 시절부터 친구인 엘우드 핸드릭, 뉴올리언스의 《타임스 데모크라트》 편집장 페이지 베커, 일본 주둔 미 해군 대령으로 퇴직 후 요코하마 그랜드 호텔의 경영자로서 헌 사후 유족들을 보살핀 미첼 맥도널드, 시마네 현 심상중학교와 도쿄 제국대학 영문과 제자로 헌을 위해 수많은 자료들을 수집해주었던 오타니 마사노부大谷正信, 1876~1892 등이 포함되어 있다. 이 중 특히 헌은 도일한 1890년 봄부터 마쓰에, 구마모토, 고베를 거쳐 도쿄로 이사한 이듬해 1895년 말까지 6년간 체임벌린과 총 168통체임벌린에게서 받은 것은 166통에 이르는 서간문을 교환했다. 이처럼 둘은 편지로 신변잡기부터 문장 작법, 문학론, 철학, 미학, 종교, 교육, 일본 문화, 정치문제에 이르기까지 폭넓게 의견을 나누었다.

한편 엄밀히 말하자면 헌은 일본에 와서 대학 강의 외에 문학 평론은 한 편도 쓰지 않았다. 하지만 미국 시대에는 자주 유럽의 새로운 문학을 소개한 평론들을 신문에 게재했는데, 이것들은 헌 사후 『유럽 문학과 동양 문학에 관한 에세이』1923라는 표제로 출판되었다. 또한 도쿄 제국대학 시절의 영문학 강의와 관련하여 당시 제자들의 필기 노트를 편집한 『문학의 해석』1915, 『시 감상』1916, 『인생과 문학』1917 등 세 권의 강의록도 출간되었다. 이 밖에 일본에서 출간된 『영문학사』1927, 『기이한 영문학 인물들』1927, 『운율학 강의』1929, 『빅토리아 시대의 철학』1930 등을 포함하여 헌의 영문학 강의 특히 시론은 그 독특한 관점으로 인해 서구에서 지금까지도 제1급의 평론으로 정평이 나 있다.

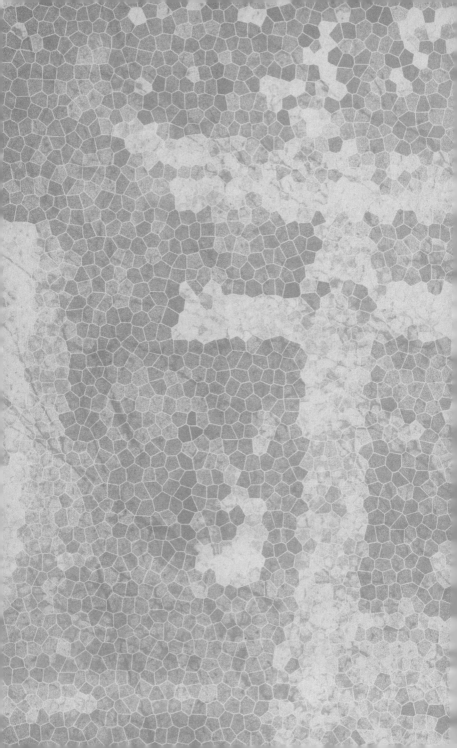

2

라프카디오 헌과
일본문화론

서구인에 의한 일본문화론들은 부정적인 것과 긍정적인 것을 포함하여 헤아릴 수 없이 많지만, 대개 단편적이거나 인상기 수준에 머무르는 경우가 적지 않다. 이에 비해 헌의 일본 담론은 방법론상 학문적인 체계성을 갖추고 있는 것은 아니지만, 주제와 관점의 측면에서 일관되게 종교불교, 신도, 민속신앙를 핵심 축으로 서술하면서 깊이 있는 통찰력을 전달한다는 점에서는 조직적인 측면을 보여준다. 사실 헌의 일본 담론은 그 자체가 하나의 종교적 일본문화론이라 할 수 있지만, 2장에서는 종교 이외의 주제, 가령 '미소'와 '여성성'을 중심으로 전개된 헌의 인상적인 일본문화론을 소개하고자 한다. 이에 앞서 먼저 헌에게 영향을 미치거나 관계가 있는 몇몇 서구 지식인들의 일본문화론에 대해 간단히 짚고 넘어가기로 하겠다.

서구인에 의한
일본문화론과 헌

우선 미국의 외교관으로 천문학자이자 재패놀로지스트이기도
한 로웰Percival Lowell, 1850~1916을 꼽지 않을 수 없다. 조선에 체재한
적도 있는 로웰은 『극동의 혼』1888에서 "우리에게는 '나'가 정신
의 본질이지만, 극동의 정신은 비개인성impersonality에 있다"[1]고 적
으면서, 개성의 결여와 부재가 일본 문화의 중요한 특징임을 지
적하고 있다. 헌은 이 책의 열성적 독자였으며, 그가 일본에 가
게 된 계기 중 하나도 이 책에 있었다. 하지만 그후 헌은 「일본인
의 미소」에서 로웰의 이른바 19세기적 문명 사관에 대한 반론을
펴고 있다. 즉 서양이 자랑하는 자아의식과 개성 존중이 반드시
인간성의 발달을 의미하는 것은 아니며, 오히려 "강렬하고 불쾌
한 이기주의"의 현현에 불과하다는 것이다. 반대로 일본 문화의

부정적인 측면으로 말해지는 개성의 결여야말로 의미 있는 장점이라고 주장하면서, 서양화된 일본 지식인과 상층계급에서는 근대적 개성을 찾아볼 수 있지만 대신에 그들은 일본 고래의 전통적인 장점을 상실해버렸다는, 이른바 몰개성론의 역설을 주창했다. 그러면서 헌은 '일본인의 미소'를 서양적 근대에 대한 상징적인 안티테제로서 제시했다. 이와 관련하여 헌은 1893년 1월 14일 자로 체임벌린에게 보낸 편지에서 로웰에 대해 동의할 수 없는 것이 한 가지 있다면서 "내게 지금 일본인의 성격 중 가장 아름답고 가장 의미심장하고 가장 매력적인 점은 로웰 씨의 저술이 동양적 현상이라고 지적한 바로 그 개인성personality의 부재에 의해 드러납니다"[2]라고 말한다. 그러나 개인성의 문제에 관한 헌의 견해는 『일본』에서 극적인 반전을 보여주는데, 이 점은 이 책의 종장에서 다시 언급할 것이다.

한편 헌은 저작 곳곳에서 일본 국학을 대표하는 두 축이라 할 만한 모토오리 노리나가本居宣長와 히라타 아쓰타네平田篤胤를 자주 인용하고 있는데, 이는 모두 영국의 외교관이자 재패놀로지스트였던 어니스트 사토Ernest Mason Satow, 1843~1929를 전거로 삼고 있다. 이 사토의 『어느 외교관이 본 일본』1921은 사건과 사실 위주의 기술 태도에 입각하여 쓰인 저술인데, 여기서 그는 처음에는 일본에 대해 환상을 품었지만 실제로 방문한 일본은 관리들의 부패,

라프카디오 헌과 일본문화론

상인들의 부정직, 외국인 살해, 지진 등 기만과 공포로 가득 찬 나라였음을 시사하고 있다.[3] 이와 유사한 태도로 프랑스 해군사관 피에르 로티Pierre Loti, 1850~1923는 『가을의 일본』1889 중 가장 많이 알려진 「에도의 무도회」라는 글에서 자신이 로쿠메이칸鹿鳴館 무도회에 초대받았을 때의 인상과 관련하여 "연미복은 우리에게는 이미 매우 추악한 것인데, 그들은 참으로 기묘하게 입고 있다. …… 그들은 모두 언제나 어딘가 원숭이와 무척 닮아 있다"든가 "이 왜소하고 경박한 국민"과 "내가 사랑하지도 않고 고민도 하지 않는 이 나라"로부터 마음에 남는 것은 아무것도 없다고까지 극평하고 있다.[4]

영국의 저명한 재패놀로지스트인 바질 홀 체임벌린Basil Hall Chamberlain, 1850~1935 또한 로티와 함께 헌 일본 담론에 큰 영향을 끼쳤는데, 세 사람 모두 1850년생으로 동갑내기다. 30년 넘게 일본에 거주한 체임벌린은 1882년 최초로 『고사기』를 영역하고 상세한 주석을 붙여 서구 세계에 소개하면서 그것을 "거의 12세기에 걸친 일본 책의 역사에서 가장 중요한 불후의 금자탑"[5]으로 자리매김한 인물이다. 헌은 첫 작품 『미지의 일본 견문기』 제1권을 도쿄 제국대학 언어학과/국어학과 명예교수로서 당대 재패놀로지의 거봉이던 이 체임벌린에게 헌정할 만큼 둘은 오랜 세월 매우 친밀한 관계를 유지했다. 당시 독어판과 불어판이 나올 정도로 서구 사회에서 널리 읽혔던 체임벌린의 대표작 『일본사물지*Things Japanese*』1890는 헌의 천황관과는 달리 천황제 이데올로기를 정면으로 비판함으로써 패전 이전에 일본에서 금서로 지정된 책이다.

근래 일본에서 출간된 많은 연구서들은 이런 체임벌린에 대해 비판적 입장을 취하는 경우가 적지 않다. 즉 체임벌린은 유럽 중심주의자였고 일본을 존중하는 태도가 부족했으며, 종종 일본 이해에서 심각한 오류를 저질렀다는 것이다. 실제로 체임벌린은 문화 상대주의적 관점을 둘러싸고 헌과 대조적인 모습을 노출하기도 한다. 예컨대 모든 식사를 철저하게 일본식으로 하고자 노력했던 헌과는 달리 체임벌린은 "일본 요리는 유럽인의 미각을 도저히 만족시킬 수 없다. 가령 다음과 같은 식탁을 상상해보라. 고기, 우유, 빵, 버터, 잼, 커피, 샐러드도 없고 잘 요리된 야채도 충분치 않다. 푸딩도 없고 약불에 조린 과일도 없고 신선한 과일도 적다"[6]면서 유럽 중심주의적인 오리엔탈리즘의 관점에서 일본 요리를 재단하는 듯한 논조를 보여주고 있다. 그러나 유조 오타는 전체적으로 볼 때 체임벌린이야말로 유럽 중심주의에 대한 옹호자가 아니라 비판자였으며, 일본에 대한 비판과 함께 강한 사랑을 보여준 재패놀로지스트였다고 반박한다. 체임벌린은 의식적으로 세계인으로서 살고자 했던 인물이었으며 그런 만큼 서구와 일본 어디에도 뿌리를 내리지 못했다는 것이다. 사실 단순

라프카디오 헌과 일본문화론

한 흑백논리로 사물을 판단하는 것이 아니라, 세계를 적절하게 보는 방식에는 수많은 길이 있고 진리는 늘 균형 잡힌 두 측면을 가지고 있다고 생각한 체임벌린은 자신에 대해 적대적인 비판자들의 견해에도 동의할 줄 아는 지식인이었다. 그리하여 그는 감정적인 이유로 자신에게 절교를 선언한 헌에 대해 변함없이 높이 평가하면서, 헌과 마찬가지로 유럽은 그리스인들이 한때 잘 알고 있던 덕목인 자기 억제의 정신을 일본으로부터 배워야 한다고 주장하기도 했다.[7]

헌과 체임벌린은 1893년 당시 '일본의 민속'을 주제로 한 공저를 펴내고자 했지만, 이 계획은 둘의 관심 방향이 너무 달라서 실현되지 못했다. 예컨대 체임벌린은 일본 각지의 신사와 사원에서 판매하는 오후다お札나 오마모리お守り 같은 부적을 수집하는 데 깊은 관심을 표명하면서, 헌에게 그가 방문하는 곳마다 그런 부적을 구입하여 보내달라고 부탁하곤 했다. 특히 헌의 편지에서 이즈모 대사의 '신성한 불을 지피는 고대적인 방법'에 대해 알게 된 체임벌린은 옥스퍼드 대학의 에드워드 타일러E. B. Tylor에게 보내기 위해 불 피우는 공이와 절구 모형을 구해달라고 헌에게 의뢰하기도 했다. 이에 헌은 니시다의 중개로 센게 궁사에게 모형 제작을 부탁하여 체임벌린에게 보내주었다. 체임벌린은 1892년 귀국하면서 이렇게 수집한 각종 민속 관련 물품들을 가져가

옥스퍼드 대학 박물관에 기증했다. 그러나 헌 자신은 이런 것들을 수집하는 데 별 흥미를 느끼지 못했으며, 오로지 아름답고 진기한 전승들과 노래 혹은 속담 등을 수집하는 데에 온 관심이 쏠려 있었다. 마키노 요코는 이와 같은 둘의 차이를 '모노物'와 '고코로心' 즉 유형적 민속학과 무형적 민속학의 차이로 규정하고 있다. 체임벌린은 오후다에서 '모노' 이상의 어떤 정신성이나 종교성을 인정하려 하지 않았다. 그런 것들은 그저 죽은 과거의 유물일 뿐이었다. 이에 반해 헌은 서민들 속에 살아 있는 민간신앙의 '고코로'에 흥미가 있었다는 것이다.[8]

나아가 둘은 무엇보다 천황관에서 결정적인 차이를 드러낸다. 천황제에 대해 우호적이었던 헌과는 달리, 체임벌린은 메이지 정부와 당시 지배계급에 의해 국민에게 강제된 천황 신앙의 이데올로기성을 강력하게 비판했다. 가령 체임벌린은 『일본사물지』의 「무사도」 항목에서 "천황 숭배 및 일본 숭배충군애국교는 일본의 새로운 종교로, 물론 자발적으로 발생한 현상은 아니다. ……20세기의 충군애국이라는 일본의 종교는 전혀 새로운 것이다"[9]라 하여 천황 숭배 및 일본 숭배를 자발적으로 발생한 현상이 아니라 새롭게 발명된 '충군애국교' 혹은 메이지 일본이 멋대로 날조한 '신종교'라고 규정하면서, 이런 가짜 전통에 입각하여 민중을 바보 취급하는 메이지 정부의 모든 시책에 대한 분개를 표명하고 있다.

이와 같은 체임벌린에 비해 미국의 생물학자로서 도쿄 대학 초대 동물학 교수로 초빙되었던 에드워드 모스Edward Sylvester Morse, 1838~1925야말로 헌과 가장 넓고 깊은 공통점을 지녔던 재패놀로지스트라 할 수 있다. 첫째, 헌과 마찬가지로 모스는 1877년 첫 일본 방문 이래 당시 일본에 체재한 서구인들 중에서는 예외적으로 일본 가요나 다도를 배우는 데에 열중함으로써 지인으로부터 "일본을 신처럼 숭배하는 자Japantheist"라 불릴 만큼 일본에 깊이 심취했다. 그의 주저 『일본에서의 나날Japan Day by Day』1917이 보여주는 일본관은 일본에 대한 서양의 우월성을 전제로 하는 동시대 서양인들의 평균적 일본관과는 매우 다른 것이었다. 다시 말해 모스는 헌이 그러했듯이 서구 우월주의에서 벗어나 일본에 대한 공감적 태도를 견지했던 인물이었다. 예컨대 모스는 『일본의 가정과 그 주변 환경Japanese Homes and their Surroundings』1886 서문에서 "다른 민족을 연구하는 경우 색안경을 끼지 말고 객관적으로 보는 것이 이상적이다. 하지만 만일 그것이 불가능하다면 편견의 검댕으로 오염된 안경을 끼기보다는 장밋빛 안경을 끼는 편이 더 나을 것이다"[10]라고 하면서 대상에 대한 공감의 정신을 강조한다.

둘째, 모스와 헌은 기독교 신앙과 거리를 두었다는 점에서도 공통점을 보인다. 어릴 적 지옥의 공포만 설한 종자매의 언동 때문에 고통받았다고 회상하는 헌과 마찬가지로, 모스도 어린 시절 급사한 형 장례식 때 세례를 받지 않은 형이 지옥 불에 고통받을 거라는 목사의 설교에 깊은 상처를 받았다고 한다. 나아가 헌이 대숙모의 가톨릭 교육에 반발했듯이, 모스 또한 부친의 엄격한 청교도주의에 반발했다. 둘 모두 일본에 온 기독교 선교사들의 교화적 언동에 강한 위화감을 느꼈던 것은 바로 어린 시절의 이런 기억 때문일 것이다.

셋째, 일본 담론과 관련하여 무엇보다 중요한 공통점은 이 둘 모두 구 일본의 전통을 사랑하면서 서민 생활에 깊은 관심을 보였다는 점이다. 옛날 민간전승과 민간신앙에 주목하는 헌의 저술에는 이름 없는 보통 사람들의 이야기가 많이 등장한다. 마찬가지로 모스 또한 거대한 사원이나 성곽 혹은 화려한 정원 따위보다는 서민들의 생활에 주목했다. 둘 모두 책을 통한 문헌적 연구가 아니라 직접 자신의 눈으로 보고 귀로 들은 것을 기술하는 데 중점을 두었다. 이 밖에도 헌과 모스는 여러 면에서 닮은꼴이다. 가령 모스는 저술 속에 직접 스케치를 그려 넣었고 헌 또한 환상적인 수채화를 남길 만큼 그림을 잘 그렸다. 또한 서로가 면식은 없었지만 상대방의 저작을 읽었다. 헌은 『미지의 일본 견문기』 중 「일본의 정원」과 「가정의 제단」 및 『불국토의 낙수』 중 「오사카에서」 등지에 모스 저작을 언급하고 있다. 모스 또한 "일본인의 정신을 묘사하는 데 가장 성공한 것은 라프카디오 헌이다"[11]라고 적고 있다.

이상에서 검토한 재패놀로지스트들 외에 간과해서는 안 될 인물로 독일 건축가 브루노 타우트Bruno Taut, 1880~1938와 미국의 문화인류학자 루스 베네딕트Ruth Benedict, 1887~1948를 들지 않을 수 없다. 이 가운데 타우트는 일본을 방문한 외국인 중 헌과 나란히 일본인에게 가장 많이 알려진 인물이라 할 수 있다. 53세 때 히틀러내각 성립 직전 베를린을 탈출하여 일본으로 건너간 타우트는당시 이미 독일뿐 아니라 세계적인 건축가로 정평이 있었다. 일본 고래의 건축에 대해 호의적으로 평가한 타우트는 특히 일본황조신으로 말해지는 태양의 여신 아마테라스가 모셔진 일본 신도의 최대 성지인 이세신궁伊勢神宮을 "순진한 형식, 청신한 재료, 간소미의 극치에 도달한 밝고 열린 구조"에서 "현대 최대의 세계적 기적"[12]이라고 극찬하는 한편, 이런 이세신궁의 전통을 계승한 교토의 가쓰라리큐桂離宮를 파르테논 신전이나 고딕풍의 대성당보다도 더 뛰어난 "영원의 미"가 구현된 "가장 일본적인 건축"이자 "일본 역사상 천재 예술가의 탁월한 정신적 업적"[13]이라고찬미했다. 나아가 타우트는 『일본의 가옥과 생활』1936에서 민가, 농가, 다실 등 모든 일본 가옥에 관통하는 특징이 바로 간소미,

정한靜閑, 친숙함, 소박함에 있다고 강조하면서 "일본은 오늘날의 세계가 결여하고 있는 것 즉 '한가閑暇'라는 위대한 이념을 창조했다"고 언급한다. 반면 그는 모더니즘을 모방한 1920~30년대 일본의 동시대 건축에 대해서는 비판적인 태도를 취했다. 여기서 중요한 것은 헌이 군국주의에 의해 널리 선전되었듯이, 타우트의 이런 발상 또한 당시 격화하는 군국주의 아래서 일본의 문화적 내셔널리즘과 크게 공명했다는 점이다.

끝으로 루스 베네딕트의 『국화와 칼』1946은 우리에게도 잘 알려져 있는 일본문화론의 명저인데, 이 책에서 베네딕트는 일반 서구인에게 일본인은 무엇보다 모순덩어리로 인식되어왔다는 점에 특히 주목하고 있다. 일본인은 대단히 예의 바르면서 동시에 공격적이고 잔인하며, 완고한가 하면 한편으로는 새로운 것에 잘 순응한다. 미와 예술을 애호하는 인간이면서도 냉혹한 살인자가 될 수 있다. 국화와 칼로 상징되듯, 일본인은 상호 섞일 수 없는 양극단의 성격을 수없이 많이 지닌 기이한 정신 구조를 가지고 있다는 것이다.[14] 그런데 베네딕트는 이런 모순된 정신 구조를 설명하는 것이 가능하다고 보았다. 일본인의 정신 내부에 깊이 파고들어 가보면, 일본인은 결코 모순적이지 않으며 구조화된 정형적인 정신 구조를 지니고 있다는 것이다. 가령 '각자 자기 자리를 아는 것各々其ノ所ヲ得', 온恩, 기리義理, 하지恥, 마코토誠

라프카디오 헌과 일본문화론

등의 개념으로 대표될 만한 정신 구조가 그것이다.[15]

일본에 관한 헌의 모든 저작은 그 자체가 하나의 일본문화론이라 할 수 있다. 하지만 그것은 이상에서 간략하게 스케치한 서구인의 일본문화론과의 차별성을 잘 보여준다. 헌이 도일하기 전부터 일본은 이미 서양 세계에 많이 알려진 상태였다. 후발 주자인 헌은 이 점을 강하게 의식하면서 종래와는 다른 관점에서 일본 담론을 추구했다. 실제로 헌은 편지와 저술에서 자신이 방문하는 지역에 서양인의 왕래가 있었는지에 대해 상당히 민감하게 반응하고 있다.[16] 헌은 서구의 다른 탁월한 일본문화론자들이 보지 못한 것을 보고 다른 사람들이 쓰지 않은 것을 쓰고 싶어 했다. 그의 기술은 기존 서양인들의 체험과는 차별화된 자신만의 새로운 정보를 탐색하는 노력의 일환이었다. 이 책의 핵심 키워드 '종교'는 바로 이와 같은 헌의 차별화된 전략을 대표한다. 사실 서구인이 쓴 수많은 일본문화론 가운데 종교에 착목하여 일본을 분석하고자 한 시도는 헌 이외에는 다시 찾아보기 힘들 것이다. 하지만 종교 담론은 이 책이 전반적으로 다루고 있는 문제이므로, 이하에서는 종교 담론 외에 헌만의 독특한 시각이 잘 드러나는 대표적인 주제로서 일본인의 미소와 일본 문화의 여성성에 대한 그의 탁견에 초점을 맞추고자 한다.

이에 앞서 일본문화론에 내포된 문제점과 결정적인 한계에 대해서도 짚고 넘어가야 할 것 같다. "일본은~" 혹은 "일본인은~" 이라는 담론은 어디까지나 숲의 담론이다. 숲은 먼 거리에서 봐야만 보인다. 그런데 가까이 다가가 숲 속으로 들어서면 전혀 색다른 풍경이 펼쳐지는 경우가 많다. 거기에는 무수한 종류와 형태를 가진 나무와 풀과 꽃과 돌과 벌레 들이 있다. 숲의 담론인 일본문화론은 그중 극히 일부의 세부 사항만을 다룰 수 있을 뿐이다. 이 점에서 일본문화론은 "상호 모순과 경쟁, 불일치로 가득 차 있으며, 복잡 다양하고 끊임없이 변화하고 있는 문화를 '있는 그대로' 보여주려는 시도보다는 몇몇 중요한 개념으로 간단히 그 본질을 요약"함으로써 "역사적 변화나 내부적 다양성을 무시하면서 총체적으로 파악하거나 비교하는"[17] 오류를 피하기 어렵다. 헌뿐만 아니라 이 책 또한 어쩌면 이런 오류에서 충분히 자유롭지 못할 수도 있다. 이런 한계에도 불구하고 때로 우리는 숲을 봐야 할 필요성을 느낀다. 나무만 보는 것도 또 다른 한계를 드러내기 때문이다. 이때 숲 안에 있으면 숲을 볼 수 없으므로 불가피하게 숲을 빠져나오지 않을 수 없다. 할 수만 있다면 숲과 나무를 함께 보기 위해 나오고 다시 들어가는 순차적인 노력을 거듭하지 않으면 안 된다. 거기서 가장 중요한 것은 일본에 관한 의미 있는 통찰력을 엿보는 일이다. 이 점을 기억하면서 헌이 보여주는 '미소'와 '여성성'의 일본문화론에 대해 생각해보기로 하자.

2 '미소'의 일본문화론
「일본인의 미소」를 중심으로

미소를 일본인의 마음의 상징으로서 분석한 작품 「일본인의 미소」에서 헌은 흥미롭게도 "삶에 대해서도 죽음에 대해서도 모두 미소로 맞이하는 온유하고 친절하며 부드러운 마음을 가진 일본인들"[일본인의 미소, 이하 미소][18]의 미소를 의무, 자기 억제와 절제미, 세켄世間, 체념, 낙천주의, 무사無私 등의 일본문화론적 관념과 결부시켜 논하고 있다. 이 글의 논지는 서구인에게 일본인의 미소란 불가사의한 수수께끼라는 명제에서 시작된다. "일본인의 미소는 대체로 행복해 보이는 미소다. 그걸 부정할 수는 없다. 그런데 그들은 고통, 치욕, 실망 등 안 좋은 일 앞에서도 동일한 미소를 짓는다."[미소][19] 일본인은 언제나 저 무의미하고 밑도 끝도 없는 미소를 띤다. 물론 처음에는 좋은 인상을 받기도 한다. 하지만 분노, 슬품, 고통, 심지어 죽음 앞에서도 변함없이 동일한 미소를 띠는 일본인을 서양인들은 도저히 이해할 수 없다. 일본인은 분노를 겉으로 잘 드러내지 않으며, 어떤 형태로 위협을 가해도 미소를 지으며 응하는 경우가 대부분이다. 그러나 이런 미소는 단순한 미소로 끝나지 않을 수도 있다. 복수는 생각지도 않은 순간에 몰려온다. 복수를 맹세한 순간 일본인에게 장애물은 존재하지 않는다. 헌은 일단 이런 태도를 일본인의 국민성으로 받아들이면서 다음과 같이 말한다.

일본인의 미소에 내포된 가장 불가해한 비밀을 푸는 열쇠는 일본인의 예의 바름에 있다. 가령 과실로 인해 해고당한 일본인은 주인에게 미소를 띤 채 엎드려 용서를 구한다. 이 미소는 무신경이나 건방짐과는 정반대의 의미 즉 '실로 말씀하신 대로입니다. 제가 큰 실수를 했음을 잘 알겠습니다. 하지만 염치없는 청원을 용서해주시옵기를 마음 깊이 바라마지 않습니다'라는 의미를 함축한 미소이다. 일본의 젊은이들은 어떤 잘못을 범했을 때 '저는 벌에 대해 나쁜 감정은 털끝만큼도 가지고 있지 않습니다. 제 잘못은 더 심한 벌을 받아도 싸다고 생각하고 있습니다'라는 의미의 미소를 띠며 벌을 달게 받는다. 그럼으로써 상대방의 마음을 누그러뜨리려는 것이다. [미소]20

라프카디오 헌과 일본문화론

이처럼 상대방의 마음을 누그러뜨리려는 미소를 예의 바름과 결부시켜 말하는 것이 얼마만큼 타당한지는 의문이다. 하지만 헌의 긍정적인 시선에 의하면, 일본인의 그런 예의 바름은 타고난 행복한 기질이자 동시에 가정교육을 통해 육성되는 것이다. 다시 말해 일본인의 불가사의한 미소는 엎드려 절하고 인사하는 작법을 배우듯이 그렇게 습득하는 것이다. 헌은 이런 미소가 "어릴 때부터 하나의 의무로서 몸에 밴 미소"[미소]21이며 그것이 점차 본능적인 것으로 형성된다고 설명한다. 요컨대 일본인의 미소에는 선천적인 요소본능의 차원와 후천적인 요소교육의 차원가 뒤섞여 있다는 말이다.

여기서 우리는 '의무'라는 표현에 유념할 필요가 있다. 헌은 오랫동안 교단에서 일본 학생들을 접했던 체험을 통해 "일본인에게는 사고나 감정은 중요한 게 아니다. 그들에게 중요한 것은 의무"[규슈의 학생들과 함께]22라는 사실을 깨닫게 된다. 그렇다면 이 의무는 정확히 무엇에 대한 의무일까? 헌에 의하면 그것은 개인적으로는 자기 억제의 의무이며 사회적으로는 자신이 속해 있는 세켄에 대한 의무를 가리킨다.

첫째, 자기 억제의 의무와 관련하여 헌은 "일본인의 미소는 불상의 미소와 동일한 관념 즉 자기 통어self-control와 자기 억제self-suppression에서 생겨나는 행복을 나타낸다"[미소]23고 보았다. 그러면서 절제의 미학과 결부시켜 일본인의 미소에 깃든 도덕적 측면을 강조한다. "미소를 지어야 하는 것은 단지 도덕적인 이유 때문만은 아니다. 미소는 어느 정도 미적인 것이기도 하다. 이는 그리스 예술에서 고뇌의 표현을 억제하는 절제미의 정신과 통하는 면이 있다. 하지만 역시 일본인의 미소는 미적이라기보다는 훨씬 더 도덕적인 것이다."[미소]24 일본인의 미소는 지극히 의지적인 자기 억제에 다름 아니라는 것이다. 거기에는 불상의 미소와도 통하는 독특한 신적 아름다움이 있다. 그것은 적극적인 도덕관의 표출이자 일본 정신의 결정結晶이라는 말이다.

이처럼 일본인의 미소에 함축된 도덕적인 자기 억제의 배경에는 오랜 세월에 걸친 엄격한 훈육의 역사가 있다. 이와 관련하여 헌은 『일본』에서 도쿠가와 시대의 사치통제령에 주목한다. 도쿠가와 막부는 사치통제령을 통해 수확량, 남녀, 신분계층에 따라 가옥 건축의 재료와 크기, 방의 개수와 넓이, 지붕 형식, 담의 높이, 창문의 숫자부터 의복의 옷감과 색조와 무늬, 여성 장식품의 종류, 혼례 시의 음식과 답례품, 장례식, 출산 시 비용, 심지어 신발 끈 재료에서 아이 장난감 가격에 이르기까지 그 허용 범위와 한도를 놀라울 만큼 세밀하게 규정함으로써 일본인의 생활을 철저하게 규제하고 관리했다. 일찍이 마쓰에 시절에 이와 같은 사치통제령의 역사를 알게 된 헌은 어떻게 그런 "치욕적이고 강박

적인" 금령이 가능했는지를 자문하고 있다. 나아가 일본 생활에
점차 익숙해지면서 헌은 일본어 어법 또한 지극히 복잡한 위계
구조로써 일본인들의 삶을 조직적으로 규제해왔다는 사실을 알
고 큰 충격을 받았다. 가령 당시만 해도 일본어에는 아이나 생도
에게 말할 때 쓰는 단어만 8종의 2인칭 단수를 포함하여 총 16종
에 이르며, 아버지와 어머니에 해당하는 단어는 9종, 부인은 11
종, 아들은 11종, 딸은 9종, 남편은 7종이나 되었다. 그리하여 어
떤 사람의 말을 들으면 그가 남자인지 여자인지, 그가 어떤 사회
계급과 지위에 있는지를 즉각 알 수 있었다. 고대 그리스나 로마
에도 이와 유사한 입법이 상당수 있었지만, 도쿠가와기 일본처
럼 생활의 지극히 세부적인 항목에 이르기까지 철저하게 법규로
정해놓는 나라는 다시없을 것이다. 일본인은 어릴 때부터 이런
법규들을 몸으로 익히면서 자연스럽게 자기 억제와 세켄에 대한
의무감을 배우게 된다.

　이처럼 일본인의 심성을 형성하는 데 작용했던 강력한 법규
의 힘을 이해하지 못하면 일본인의 심리를 이해하기란 불가능하
다. 일본인에게는 가장 완전한 자기 억제가 법규에 입각한 교육
과 훈련에 의해 강요되어왔다. 그 규제에 따라 일본인은 어떤 분
노나 고통의 느낌도 얼굴에 비쳐서는 안 되며, 괴로운 상황에서
도 미소를 지어야만 했다는 것이다. 그런데 여기에는 아무리 보

아도 자연스러운 아름다움이 깃들어 있어 그것을 단지 가르치고 배운다 해서 가능한 것이라고는 여겨지지 않는다. 그래서 헌은 그런 행동거지를 몸에 익히는 능력이 선천적인 것이라고 생각하지 않을 수 없었다. 그 결과 헌은 "일본인은 스스로를 강제했다"는 결론에 이르게 된다.

강제는 외부로부터만 작용하는 것이 아님을 잊어서는 안 된다. 그것은 사실상 내부에서부터 유지되고 있다. 일본인의 계율은 그들 스스로가 부과한 것이다. 그리하여 그들은 자신들을 꼼짝달싹 못하게 하는 수많은 규제들과 법령들을 최상의 것이라고 믿었다. 그들은 이런 훌륭한 신앙으로써 모든 것을 참아냈다. 종교는 일본 국민이 의기소침하거나 무기력한 상태로 타락하는 일 없이 모든 훈련을 견뎌내게 했다. 그리하여 일본인은 결코 타락하거나 퇴보하지 않았다. 자기부정과 복종을 강요하는 관습은 다른 한편으로 담력과 용기를 키워서 쾌활함을 강하게 했다. 천황의 신성불가침한 권력은 모든 사자死者들의 힘이 그를 지지하고 있는 것이므로 무한한 것으로 관념되었다. 스펜서는 "법률은 문서화되어 있는 경우에도 불문율의 경우에도 산 자에 대한 사자의 지배를 공식화한 것"이라고 말했다. 인간의 문명사상 다른 어떠한 법률도 옛날의 일본 법률만큼 스펜서의 이 견해를 잘 나타낸 것은 없다. 일본의 법률은 '사자가 생자를 지배하는 공식'을 가장 잘 보여준다. 오늘날에도 사자의 손은 생자 위에 무겁게 드리워져 있다.^{(사자의 지배)25}

여기서 헌은 일본인에게 외부의 규범에 의해 강제된 자기 억제의 의무를 이 책 제3장에서 다룰 '사자의 지배'와 결부시켜 이해하면서 그것이 본질적으로 스스로에 대한 의무임을 재확인한다. 이로써 헌은 마침내 "사랑하는 사람을 잃은 자가 어떻게 웃으면서 그 죽음에 대해 말할 수 있을까? 오랫동안 나도 이해할 수 없었다. 그런데 시간이 흐르면서 이런 일본인의 웃음은 극한까지 자기를 부정하고 억제하는 예절임을 알게 되었다"^{(미소)26}라고 토로하기에 이른다.

둘째, 헌은 일본인에게 이와 같은 자기 억제의 의무가 세켄^{世間}에 대한 의무와 쌍을 이루고 있음을 간파하고 있다. 여기서 세켄이란 무엇인가? 세켄은 단어 그대로 '사회'라는 뜻보다는 회사라든가 동창회 등 비교적 좁은 범위의 인간관계를 가리키는 독특한 일본문화론적 개념으로, 일본인은 개인^{자신}보다도 이런 세켄을 더 중히 여기며 행동한다고 여겨질 만큼 강력한 구속력을 가진다. 가령 세켄 속에서는 말과 행동을 눈에 띄지 않게 하는 것이 중요하며 조심스럽고 겸손한 태도를 보여주어야 한다. 또한 서

라프카디오 헌의 일본론

로 각자의 지위에 상응하는 예의범절을 지켜야 하며 항상 협조적인 자세를 보이면서 가능한 한 대세에 따른 의견을 표명해야 한다.[27] 헌이 "사회도덕의 측면에서 일본이 이루어낸 진보는 서양보다도 훨씬 앞서 있다. 그것은 주로 상호의존의 방향에서였다"[미소][28]라고 말할 때의 '상호의존'이란 다름 아닌 이런 세켄을 가리키는 표현이다. 그리하여 헌은 다음과 같이 일본인이 미소와 같은 어떤 행위를 취한다는 것은 자기 개인의 감정이 아니라 상대방 곧 세켄과의 관계를 기반으로 하고 있음을 지적한다.

일본에서는 세켄outer world[29]에 대해 늘 행복한 듯한 모습을 보이고, 타인에게 가능한 한 유쾌한 인상을 주는 것이 하나의 생활 규칙이 되어 있다. 즉 일본에서는 설령 마음이 찢어질 듯 아프고 슬플 때에도 용감하게 미소 짓는 것이 하나의 사회적 의무로 받아들여진다. 다른 한편, 심각하거나 불행한 얼굴 표정을 드러내는 것은 무례한 행동으로 간주된다. 왜냐하면 그것은 그에게 호의적인 사람들을 불안하게 하고 고통스럽게 만드는 것이기 때문이다. 또한 그것은 어리석은 행동으로 여겨지기도 한다. 왜냐하면 그것은 그를 좋아하지 않는 사람들에게 못된 호기심을 불러일으키기 때문이다.[미소][30]

그러니까 일본인의 미소는 무엇이든 언제 어느 때든 세켄타자

83

을 불유쾌하게 해서는 안 된다는, 강제적이면서도 동시에 자발적인 자기 억제의 표출이라는 것이다. 이런 '일본인의 미소'의 발견은 일본인의 행동 기준이 철저하게 세켄과의 관계 위에서 그리고 세켄에 대한 의무로서 성립됨을 보여준다. 그런데 이처럼 정신적, 육체적으로 늘 억압을 받으면 결국 모든 생활이 음울한 획일성 속으로 떨어져버리기 쉽지 않을까? 게다가 자기 억제의 의무와 세켄에 대한 의무가 아무리 자발적인 것으로 포장된다 해도 강압적인 측면을 불식하기란 불가능하다는 의미에서, 그것은 일면 자기 자신까지 속이면서 연출되는 '연기演技'일 가능성을 부정하기 어렵다. 하지만 헌은 강압적인 절약, 검소, 절제, 간소함, 청결, 예절, 인내력 등의 훈육으로 인해 일본인이 비참해지지는 않았다고 생각했다. 고대 일본의 고풍스러운 예술 작품에 잘 반영되어 있듯이 일본인들은 고생에 찌들면서도 세상을 아름답게 보았다는 것이다.

헌은 이런 일본인의 민족성을 "철두철미 진지하고 심각한 serious 영국인"과 비교하면서 "일본인은 외면이든 내면이든 그렇게 심각하지 않다. 그런 만큼 행복하다. 아마도 그들은 문명 세계에서 지금도 가장 행복하고 낙천적인 국민일 것"(미소)31이라고 평가한다. 헌이 볼 때 이런 낙천적인 일본인에게는 소박한 기쁨을 받아들일 줄 아는 능력, 생의 순수한 희열에 대한 감각, 자연과의 성스러운 친밀감, 고풍스러운 인내, 헌신적인 자기희생, 고래로부터의 예의 바름, 오래된 신앙이 지닌 깊은 인간적인 시정詩情과 이를 반영한 놀라운 예술이 있다.[미소]32 다른 한편 일본인의 낙천성은 헌이 "이 나라 국민은 모두 자신의 신앙을 가볍고 명랑하게cheerfully 생각하고 있다"[지장]33고 지적하듯이, 종종 진지하고 심각한 종교적 세계까지 친숙한 일상의 유희적 관점에서 접근하는 태도로 나타나기도 한다. 아마도 이는 추상적이고 형이상학적인 것보다는 구체적이고 즉물적인 것을 선호하는 일본인의 사유방식과 관계가 있을 것이다. 이 점을 잘 알고 있었던 헌은 "서양인이 가장 관심을 기울이는 궁극적인 추상적 문제에 대해 일본인은, 전혀 없다고까지는 말할 수 없겠지만, 거의 마음을 쓰지 않는다. 일본인은 서양인이 추상적인 문제에 관심을 기울이는 이유를 납득하지 못한다"[미소]34고 적고 있다.

어쨌든 이상에서처럼 일본인의 미소에서 자기 억제의 의무와 세켄에 대한 의무를 읽어낸 헌은 다시 그것을 하나의 세련된 작법이자 침묵의 언어라고 규정한다. "일본인은 죽음을 목전에 두고서도 평소와 똑같이 미소 지을 수 있는 민족이다. 그 미소에는 반항도 위선도 없다. 그것을 성격적인 취약성에서 나오는 병적인 체념의 미소와 혼동해서는 안 된다. 그것은 오랜 세월에 걸친, 세련된 하나의 작법etiquette이다. 또한 그것은 침묵의 언어이기도

라프카디오 헌과 일본문화론

하다."[미소]35 여기서 헌은 일본인의 미소가 '병적인 체념의 미소'는 아니라는 점을 역설한다. 하지만 다카기 다이칸에 의하면, 불행에 처해서도 미소를 띠는 일본인의 행동양식에는 "운명을 감수하는 깊은 체관"과 "봉건적 압정에 시달린 농민들이 비참함과 고난을 잊기 위해 만들어낸 체념의 미소"라는 실존적 지혜가 담겨 있다.[36] 다시 말해 일본인의 미소는 억압의 역사가 만들어낸 산물이라는 것이다.

헌이 중세 일본인의 미소가 가지는 의미라든가, 에도 시대 문학작품을 조금이라도 접했다면 일본인의 미소에 대한 생각도 아마 상당히 달라졌을 것이다. 가마쿠라 시대 이후 중세 일본인들은 사람의 정체를 폭로하고 좋아서 웃는 악의에 찬 미소가 많았다. 또한 에도 시대 서민들의 미소에는 특권계층을 향한 통렬한 속내의 폭로가 많이 담겨 있었다.[37]

아마도 다카기의 이런 지적이 더 진실에 가까운 것이리라. 하지만 일본인의 미소에는 전술한 자기 억제의 의무와 세켄에 대한 의무 관념이 빚어낸 중요한 문화적 에토스가 깔려 있는 것도 부인하기 어려운 사실이다. 가령 괴로움과 두려움을 다른 사람에게 전해야 할 때 일본인은 입가에 미소를 머금고 말해야 한다.

그것이 일본의 관례다. 문제가 중대하면 할수록 그만큼 미소 짓는 얼굴이 두드러진다. 심지어 첫아이를 잃은 엄마가 장례식 때는 서럽게 운다 하더라도 일터에서는 주인에게 자신의 불행을 말할 때 미소를 띤다. 이런 미소에는 '당신은 이를 불행하다고 생각할지 모르지만, 모쪼록 이런 작은 일에 마음을 쓰지 마십시오. 이런 걸 말씀드려 정말 실례했습니다'라는 의미가 함축되어 있다. 그것은 상대방의 입장과 기분을 배려하여 자기를 없애는 것 즉 자기의 극적인 방기와 무화無化로서의 무사無私라는 일본문화론적 가치를 이해하지 않고서는 결코 알 수 없는 태도다. 바로 이런 일본문화론적 가치와 의미에 누구보다도 예민했던 헌의 다음과 같은 언급은 상당 부분 정곡을 찌르고 있다.

일본인만큼 행복하게 사는 비결을 깊이 알고 있는 국민은 다시없을 것이다. 인생의 기쁨은 주변 사람들의 행복에 달려 있으므로 모든 일에 무사無私, unselfishness와 인종忍從을 함양하는 데 있다는 진리를 일본인만큼 잘 이해하고 있는 민족은 다시없을 것이다.[(미소)38]

3

'여성성'의 일본문화론

『동국에서』에 실려 있는 「영원의 여성」은 여성성의 문제를 중심으로 서구와 일본을 대비시켜 서술한 비교문화론이다. 이 작품의 앞부분에서 구마모토 제5고등중학교의 한 학생이 영국 소설에는 신기하게도 연애와 결혼이라는 주제가 많이 나오는데 왜 그러냐고 묻는다. 이와 관련하여 헌은 효도라는 것이 도덕의 유대가 되어 있지 않은 사회조직, 자녀들이 자신의 가정을 만들기위해 부모를 떠나는 사회조직, 자신을 낳아준 사람보다도 아내와 자식을 사랑하는 것이 인간 본연의 길이며 또한 그것이 당연한 권리라고 여기는 사회조직, 혹은 결혼이란 것이 부모의 의향을 무시하고 당사자들끼리의 문제라고 여기는 서구의 사회조직은 일본 학생들에게 이해받기 어려울 것이라고 토로한다.「영원의 여성,

헌이 보기에 일본의 사회조직은 이런 서구의 경우와 정반대이다. 서양에서는 아내와 자식에 대한 사랑이 가장 강한 에토스인 데 비해, 일본에서 그것은 이기적인 애정으로 간주된다. 또한 일본 젊은이들은 독립성을 중시하는 서구와는 달리 결혼을 부모에 대한 의무로 받아들인다. 바로 앞 절에서도 언급했듯이 일본인에게는 "의무가 곧 삶의 법칙"(영원)40에 다름 아니기 때문이다. 그리하여 일본인들은 무엇보다 천황에 대한 의무가 가장 중요하고 그다음이 부모에 대한 의무라고 생각한다. 그들에게 사랑이란 아무리 세련되고 영적인 차원까지 고양된다 하더라도 기껏해야 이기적인 애타주의ego-altruistic로 간주될 뿐이다. 그러니까 사랑이라든가 애정은 언제 어디서든 그것보다 더 큰 의무에 종속되어야만 한다는 것이다. 예컨대 아내를 사랑하는 것은 남자의 의무가 아니다. 남편이 부모보다 아내를 더 사랑하는 것은 도덕적인 약함으로 간주된다. 일본에서는 이와 같은 의무에 입각한 가정을 신성하게 여긴다.(영원)41 이 점은 다음 제3장에서 상술할 조상과 사자에 대한 의무 관념을 고려한다면 쉽게 이해될 것이다.

남성 중심적인 사회조직을 배경으로 나온 많은 일본 소설에서 전형적인 여성은 흔히 완벽한 어머니, 기꺼이 모든 의무를 위해 헌신하는 충실하고 효성스러운 딸, 전장까지 남편을 따라가 자신을 희생하면서 옆에서 함께 싸우거나 남편의 생명을 구해주는 충성스럽고 영웅적인 아내로서 묘사된다. 거기서는 서양처럼 사랑을 위해 죽는 감상적인 처녀는 결코 전형적인 여성상이 될 수 없다.[영원]42 그렇다면 서양 사회의 이상적인 여성상은 어떤 것일까? 헌은 '영원의 여성eternal feminine'을 서구의 지고한 이상으로 제시한다. 서양에서는 손이 닿지 않는 존재, 불가사의한 존재, 신적인 존재로서 여성을 숭배하는 것에 대해 큰 도덕적인 가치를 부여해왔다는 것이다.[영원]43

일본을 논하는 서구인들은 통상 일본에는 이런 '영원의 여성'이라는 관념이 결코 존재하지 않는다고 말하지만, 헌이 볼 때 이런 통념은 진실의 일부만을 말해줄 뿐이다. 일본 신도에는 여신이 남신만큼이나 많고 최고신 아마테라스는 태양의 여신이며, 관음보살도 여성이 아닌가? 게다가 지나치게 한쪽으로 치우침으로써 자연의 많은 경이로움에 대해 놓치고 있는 서구적인 자연관에 비해, 자연에서 불균형과 불규칙한 것과 비대칭의 미학을 볼 줄 아는 일본인들이야말로 자연에 대한 고상한 미적 능력과 감각의 소유자가 아닐까?[영원]44 이런 물음과 관련하여 헌은 "일본인들은 모든 자연, 즉 풍경, 서리, 구름, 황혼, 새, 벌레, 꽃 등에서 서양인보다 훨씬 큰 즐거움을 발견해낸다. 그리고 일본인은 자신이 본 자연의 모든 대상을 예술적으로 표현하는 뛰어난 능력을 가지고 있다"[교토 여행기]45고 적고 있다. 이와 같은 헌의 자문자답은 매우 적절해 보인다. 일본의 여신과 관음에 대한 언급은 지극히 상식적인 사실이지만, '와비侘'로 불리는 비대칭의 일본 미학을 여성성과 결부시켜 주목한 것은 헌의 탁견이라 아니할 수 없다. 요컨대 헌이 사랑한 길가의 석불처럼 평범하고 불규칙적이고 불완전한 것이 자연적인 것이고 아름다운 것이라는 말이다. 이 대목에서 헌이 일본적 여성성을 어떻게 이해했을지 궁금해진다. 이를 위해 먼저 현실 속의 일본 여성에 대한 헌의 생각을 따라가 보기로 하자. 헌은 『일본』제16장 「봉건제의 완성」에서 도쿠가와 시대에 일본 여성의 이상형이 완성되었다고 말한다.

(도쿠가와 시대에) 예법은 도덕적, 미학적으로 연구할 만한 가치가 있는 것으로서 인위적인 흔적을 더는 찾아볼 수 없을 정도로 완벽한 수준에 도달했다. 그 우아함과 매력은 이미 습관 혹은 신체 조직의 유전자가 되어버렸다는 느낌을 준다. 여성의 경우는 정말로 그러하다. 왜냐하면 일본이 만들어낸 가장 심미적인 제작물은 상아 세공품이나 도자기 및 칼, 또는 조각 금세공이나 칠기가 아닌, 일본 여성이라는 말이 있기 때문이다. 이러한 윤리적 창안물을 앞에 두고는 비평가도 입을 다물어야 할 것이다. 거기에는 자기중심주의와 투쟁만의 세계에 도저히 적합하지 않은, 도덕적 아름다움 외에는

라프카디오 헌과 일본문화론

단 하나의 결점도 없기 때문이다. 일본 여성은 서양인이 도달할 수 없는 이상의 실현자다. 도덕적 존재로서 일본 여인은 도저히 일본 남자와 같은 민족이라고는 생각할 수 없다는 이야기를 자주 들었다. 일본 여성은 윤리적으로 일본 남자와 다른 존재다. 아마도 이런 형태의 여성은 앞으로 10만 년 동안 이 세상에 두 번 다시 출현하지 않을 것이다. …… 강력한 법규와 통치 아래 있는 사회, 모든 자기주장은 억압되고 자기희생이 전부 똑같은 의무가 된 사회만이 그 울타리 안에서 개성을 다듬고 꽃피우는 것이 허락되며, 외부로부터 단절된 사회만이, 요컨대 조상숭배 위에 세워진 사회만이 이런 여성적 형태를 만들어낼 수 있다. ^{《봉건제의 완성》46}

다소 길게 인용한 위 글에서 일본 여성을 "앞으로 10만 년 동안 이 세상에 두 번 다시 출현하지 않을, 일본이 만들어낸 가장 심미적인 제작물"이자 "서양인이 도달할 수 없는 이상의 실현자"로 묘사하는 대목은 지나치게 과장된 수사학으로 포장되어 있다. 하지만 거기에는 헌처럼 긴 세월을 일본 여성과 함께 동고동락한 이방인이 아니면 결코 들여다볼 수 없는 어떤 내밀한 진실이 담겨 있는 것 같기도 하다. 그렇다면 헌이 이런 수사학을 통해 말하고 싶어 한 일본 여성의 특질은 어떤 것일까?

일본 여성은 적어도 불교의 이상형인 천녀Buddhist angel를 실현하고 있다. 타인을 위해서만 일하고 생각하며, 타인을 기쁘게 함으로써만 행복을 느끼는 인간, 이러한 부드러움과 온화함에도 의무를 다하기 위해 여차하면 언제라도 자기의 생명을 던져 모든 것을 희생할 수 있는 인간이다. 이것이 일본 여성의 특질이다. 이 어린아이 같은 영혼 속에 온화함과 강인함, 부드러움과 용기가 결합을 이루고 있는 것은 매우 불가사의해 보인다. …… 아내, 부모, 어머니로서의 애정보다 더 강렬한 것, 즉 여성으로서의 어떠한 정서보다도 강렬한 것, 그것은 그녀의 위대한 신앙faith에서 나오는 도덕적 신념 conviction이다. (봉건제의 완성)47

미와 행복의 여신 대길상천녀大吉祥天女에 일본 여성을 투사하는 헌은 거기서 타자를 위해 자신을 희생하는 불교의 이상적 인간상인 보살을 엿본다. 그러면서 헌은 이런 일본 여성의 강인한 의무감과 결부된 도덕적 신념이 가장 초월적인 여성성으로서의 종교적 신앙에서 비롯한 것이라고 첨언한다. 그 종교적 신앙이란 다름 아닌 '사자死者의 종교'를 가리킨다.

예로부터의 수련에 의해 형성된 일본 여성의 경우, 인생을 살아가면서 하는 행위는 모두 신앙의 행동이다. 그녀의 존재 자체가 이미 하나의 종교이고 그녀가 사는 집은 하나의 신전이다. 그녀의 모든 말과 생각은 '사자의 종교'의 법규와 명령에 따르고 있다.^{(봉건제의 완성)48}

일본 여성에 대한 이 같은 종교적 이해는 "순종적이고 상냥하며 우아한 일본 여성"이라는 상투적인 오리엔탈리즘적 이미지와 겹쳐지면서도 그것을 훨씬 넘어서 있는 듯이 보인다. "우리가 보통 일본 여인의 우아함이라고 부르는 것은 그리스인이 생각하는 우아함과는 상당히 거리가 있다. 그녀에게는 바람에 흔들리는 대나무의 유연한 우아함을 연상시키는 분위기가 있다."^{(교토 여행기)49} 이처럼 대나무로 비유되는 일본 여성은 "매우 순종적이며 서양인으로서는 거의 상상할 수 없을 만큼 상냥한 편이다. 그러나 이와 반대로 실제 보지 않으면 믿을 수 없을 만큼 비정한 일면이 그녀의 내면에 숨겨져 있다. 일본 여성은 천 번이라도 다른 사람을 용서하고 자신을 희생할 마음이 있어 보인다. 그렇지만 일단 자신의 급소를 찌르는 사람이 있다면 격렬하게 분노하며 그 상대를 절대로 용서하지 않는다. 연약해 보이는 여자가 강렬한 용기를 내어 처절한 복수에 나선다. 경탄할 정도의 자제심과 인내력이 그녀의 내면에 존재한다. 그걸 건드리는 것은 위험하다. 그걸 자극한다면 용서는 없다."^{(삶과 죽음의 단편)50}

헌은 심지어 일본의 매춘부들에게서도 천녀天女의 흔적을 보고 싶어 한다. "정사情死, 心中 사건은 몸 파는 여성 계층에서 가장 빈번하게 일어난다. …… 이 여성들은 오랜 시련을 거쳐 세련된 예법과 섬세한 감정 그리고 자연스러운 겸손과 조심성을 습득했다."(정사)[51] 나아가 헌은 유명한 오쓰大津 사건과 관련된 한 여성의 자결을 통해 일본 여성의 "비정한 일면"을 읽어내고 있다. 여기서 오쓰 사건이란 1891년 방일 중인 러시아 황태자가 한 경호 순사에게 피습당한 사건을 가리킨다. 당시 영어교사로 마쓰에의 심상중학교에 재직 중이던 헌은 「유코: 하나의 추억」에서 오쓰 사건의 역사적 의미에 관해서는 전혀 언급하지 않은 채 일본인의 반응에만 관심을 기울이고 있다. "천황의 근심을 국민이 함께한다는 이 장대한 공감에 이어 그 잘못을 사과하고 속죄하겠다는 원망이 사람들 사이에 급작스레 비등했다. …… 이 천황 폐하의 빈객 앞으로 전국 각지에서 문안 편지와 전보가 속속 도착했고 수많은 마을에서 위문품이 전해졌다. 빈부귀천을 막론하고 선조 대대로 전해진 값비싼 물건과 귀중한 가보를 아낌없이 부상당한 러시아 황태자에게 내놓았다. …… 이는 모두 전혀 개인적이고 자발적으로 이루어진 일이었다."(유코)[52] 이때 헌은 교토에서 하타케야마 유코畠山勇子라는 젊은 여성이 순사의 비행을 속죄함으로써 천황의 마음을 편안하게 하고자 유서를 남기고 자결한 사건의 뉴스를 접하게 된다. 순사의 테러라든가 러일 관계의 긴박한 외교적 상황보다도 이 자결 사건에 훨씬 더 큰 충격을 받은 헌은 유코에 관한 모든 정보를 추적하면서 자결에 이르는 그녀의 심리적 과정을 다음과 같이 상상적으로 재현하고 있다.

새벽이 밝아오자 유코는 떠오르는 태양을 향해 절을 올렸다. 그녀는 아침마다 행하는 종교의례를 마친 후 외출 허가를 받는다. 그런 다음 가장 멋진 외출복에다 가장 밝은 허리띠를 두르고 가장 새하얀 버선을 신었다. 이는 천황 폐하를 위해 목숨을 바치는 데에 어울릴 만한 외관을 갖추고자 함이었다. …… 그녀는 삶의 기쁨을 느낀다. 하지만 자기 인생의 소중한 미래에 대해서는 아무런 꿈도 꾸지 않았다. 자신이 죽은 다음 세상이 이전과 마찬가지로 아름다울 거라고 생각하면서도 전혀 슬프지 않았다. 불교적인 무상감이 그녀를 괴롭히지도 않았다. 그녀는 전적으로 예로부터의 신도 신들을 믿고 있다. 신성한 진쥬鎭守, 마을의 수호신을 모신 신사—지은이 숲의 그림자로부터, 스쳐 지나가는 언덕들 사이의 태곳적 신사들로부터 신들이 그녀를 향해 미소 짓고 있다.(유코)53

천황의 명예를 위해 자결한 이 일본 여성의 이름이 '용감한 자勇子'를 뜻한다는 사실을 상기시키는 헌은 그녀에게서 상상할 수 없을 만큼 강인한 자제력과 평정심으로 "사자의 종교 곧 신도의 명령에 따름으로써 서양인이 도달할 수 없는 이상을 실현한 일본 여성", "존재 자체가 이미 하나의 종교인 일본 여성"을 보고 있는 것이다. 참으로 기괴하게 느껴질 만큼 일본 여성에 대한 이상화를 극단까지 밀어붙이는 헌을 어떻게 이해하면 좋을까? 그럼에도 일본 여성을 바라보는 헌의 시선에는 진정성과 일관성이 엿보인다. 앞서 서장에서 일본인을 혐오하고 증오한다는 헌의 극단적인 편지글을 소개한 바 있었는데, 그 대목에서조차 헌은 이어서 "물론 건전한 일본 여성들, 일본적이지 않은not Japanese 일본 여성들은 예외입니다. 그네들은 천사angel 같습니다"[54]라고 부연하고 있기 때문이다. 그런 만큼 더더욱 의문은 커져만 간다. 정서적으로 철저히 일본인 아내 세쓰에게 의존하면서 혹 그녀가 외출이라도 하면 어린애가 엄마를 기다리듯 돌아오기만을 한없이 고대했다는 만년의 헌을 떠올려보건대,[55] 여성에 대한 헌의 과도한 이상화는 어쩌면 모친에 대한 그의 특별한 감정과 관계가 있을지도 모르겠다.

영어도 잘 못하고 다혈질에다 변덕스러웠던 헌의 아름다운 모친은 정서적으로 매우 불안한 여성으로 헌에게 충분한 애정을 주지 못했을 것이다. 하지만 이를 기억하지 못하고 또한 어머니의 불행에 대해 잘 알지 못했던 헌은 평생 어머니에 대한 한없는 동정심과 고국 그리스에 대한 노스탤지어를 마음속에 품고 살았음직하다. 동생에게 보낸 편지에서 헌은 어머니의 얼굴을 "사슴 눈처럼 크고 다갈색의 눈을 가졌으며 옅게 그을린 아름다운 얼굴"이라고 표현하면서 매일 밤 그리스풍의 십자가를 긋고 기도하던 어머니를 회상하고 있다. 일본 혹은 일본 여성에 대한 그의 남다른 애정은 이런 어머니에 대한 그리움의 연장선이 아니었을까? 다음 구절은 이런 추측을 뒷받침해준다.

적어도 내게 좋은 것이 있다면 그것은 내가 모르는 그리스 인종의 영혼에서 온 것이리라. 정직함을 사랑하고 사악함을 미워하며 아름다운 것, 참된 것에 감동할 줄 아는 힘, 나의 마술적인 감수성은 모두 어머니의 선물이다. 우리는 어머니의 아이들이다. …… 나는 어머니의 사진을 한 장이라도 얻을 수 있다면 내 모든 재산을 다 쓸 수 있다.[56]

여기서 선하고 아름다운 모든 것을 '그리스적인 것=어머니'로 환원하고 있는 헌은 자타의 융합을 통해 발견되는 공동체성을 희구하면서 그 이상적인 모습을 구 일본에서 찾고자 했던 것은 아닐까? 헌에게 이런 공동체성의 궁극적인 모습은 자아의 분화 이전 어머니와의 완전한 융합 상태와 겹쳐졌고 그것이 일본 여성의 이상화로 이어진 것은 아닐까? 그리하여 헌은 '여성적인 것'

에 대해 이렇게 말하기도 한다. "절대자를 아버지로 규정한 서양의 엄격한 오랜 가르침 속에 서서히 주입되어온 것은 무한한 다정함이라는 더욱 밝은 꿈, 어머니라는 여성성의 기억이 만들어낸 것, 모든 것을 신성성으로 변용시키는 희망이었다. 전 세계의 모든 인종이 더욱 높은 곳을 향해 진화하면 할수록 신의 개념은 이런 여성적인 것으로 변할 것이다."(몽상)57 이로써 '영원의 여성'이라는 서구적 관념과 일본의 여성성의 본질적인 차이를 대비시키고자 했던 헌은 결국 "영원히 여성적인 것이 우리를 구원한다"는 괴테의 테제로 회귀한 듯싶다. 헌이 사원 묘지에서 지장을 처음 보았던 날, 한 일본 소녀와의 조우를 묘사한 다음 장면은 이와 같은 회귀를 암시해주는 듯하다.

갑자기 나는 내 앞에 한 아이가 서 있는 것을 깨달았다. 한 작은 소녀가 이상하다는 듯이 내 얼굴을 올려다보고 있었다. 소녀의 발걸음은 너무도 가벼워서, 그 발소리가 새들이 지저귀는 소리와 나뭇잎 스치는 소리에 묻혀버렸던 것이다. 소녀는 누더기 같은 기모노를 입고 있었지만, 그녀의 눈빛과 흐트러진 아름다운 머리카락은 일본만의 것이 아니었다. 그녀의 푸르도록 맑은 눈동자를 통해 나를 바라보고 있는 것은 다른 민족—어쩌면 나 같은 서구인—의 영혼이었다.(지장)58

3

라프카디오 헌
일본 담론의 원점

조상숭배와 사자 관념

1 조상숭배

불교론과 신도론이 헌 일본 담론의 핵심적인 내용을 구성하는 두 축이라면, 이 장에서 다룰 조상숭배론은 그 두 축의 기저를 이루는 원점이라 할 수 있다. 이하에서는 조상숭배의 문제와 관련하여 가장 풍부한 논의가 전개되고 있는 『일본』을 중심으로 헌이 일본인의 조상숭배를 어떻게 이해했는지를 좀 더 상세하게 검토하고자 한다. 누누이 말하거니와 『일본』에 결정적인 영향을 끼친 것은 쿨랑주의 『고대도시』이다. 헌은 이 책에 나오는 고대 그리스·로마인의 종교, 특히 조상숭배 및 사자 관념과 가족제도가 일본의 그것과 매우 유사하다는 점에 주목하고 있다.

마쓰에 시절부터 헌은 장인 장모와 아내의 형제들이 매일 아침 신단에 등불을 올리고 절한 뒤 불단 앞에서 무릎 꿇고 기도하는 모습을 가까이서 지켜봤다. 이런 일본의 풍습을 직접 접한 헌은 가족 종교로서의 조상숭배가 당대 일본에도 살아서 계속되고 있음을 알게 되면서 쿨랑주의 『고대도시』를 다시 읽게 된다. 헌은 이 책을 읽으면서 조상숭배와 가정 제사에 입각한 가족제도야말로 일본 이해에 핵심이라고 여기게 되었다. 그리하여 헌은 일본의 가정이 고대 그리스·로마의 가정과 마찬가지로 하나의 종교사회였고 지금도 그렇다고 보면서 "고대 유럽과 일본에서는 모두 가족의 번영이 조상에 대한 제사 의무를 정확히 수행하는 데에 달려 있다고 믿었다. 이 신앙은 오늘날에도 상당 부분 일본의 가족생활을 지배하고 있다. 일가의 행운은 조상 제사를 엄수할 때 깃들며, 일가 최대의 재난은 가정 제사를 거행할 아들이 없는 것이라는 생각이 지금도 여전하다"^{(일본의 가족)1}고 말한다.

그리스·로마의 종교제도는 불의 여신 헤스티아_{베스타}를 모시는 화로의 종교로부터 발달했으며, 이후 그리스·로마인들은 집집마다 마련된 신단에서 날마다 조상들에게 기도를 올렸는데 고대 말기부터 이런 가족 종교가 사라지고 교회와 사제를 중심으로 종교생활이 영위되어왔다. 한편 일본에서도 집 안에 신불을 모신 신단과 불단이 마련되기 전에는 신성한 불의 신을 제사 지내던 이로리_{囲炉裏}²와 가마도_{竈, 화덕}가 집의 중심 상징이었다. 이런 가족 종교가 일본 사회에 여전히 계승되고 있음을 발견한 헌은 큰 충격을 받았던 모양이다. 그리하여 헌은 특히 신도에 대해 본격적인 관심을 가지게 된다. 예컨대 헌은『일본』에서 일본 종교의 원형이 조상숭배에 있음을 강조하면서, 그 조상숭배로부터 가정 제사, 지역 제사, 국가 제사의 근대적 위계에 이르는 신도의 진화에 관해 다음과 같이 논하고 있다.

일본의 진정한 종교는 지금도 여전히 전 국민으로부터 다양한 형태로 표명되는 조상숭배이다. 조상숭배는 모든 문화를 이끌어온 종교의 토대이자 또 모든 문화적 사회의 토대가 되어온 제사이다. …… 불교식 조상숭배를 차치한다면 순수하게 일본에 기원을 둔 조상숭배는 셋으로 구분되며, 그 의식은 후대에 이르러 중국의 영향을 받아 약간 변형되었다. 이 제사의 세 형식은 '신도'로 총칭되고 있는데, '신의 길'을 뜻하는 이 말은 그리 오래된 말이 아니다. 원래 '신도'는 '도道'를 '불법佛法'과 구별하기 위해 채용한 말이었다. 어쨌든 조상을 숭배하는 신도의 세 형식은 가정 제사domestic cult, 지역사회 제사communal cult, 국가 제사state cult이다. 여기서 가정 제사가 가족의 조상에 대한 예배로서의 가족 종교라면, 지역사회 제사는 씨족 혹은 부족의 조상에 대한 예배로서의 지역수호신 종교라 할 수 있다. 한편 국가 제사는 황실의 조상에 대한 예배로서의 국가 종교에 해당하는데, 이 중 진화론적으로 가장 먼저 등장한 것은 가정 제사이

다. ^{[고대 제사]3}

　여기서 헌은 조상숭배를 일본 종교의 원점으로 규정하면서 스펜서의 진화론에 따라 그것이 가족 종교, 지역 종교, 국가 종교라는 세 가지 신도적 형태로 발전되어왔다고 말한다. 나아가 헌은『일본』에서 이 중 지역 종교와 국가 종교를 좀 더 세분하고 구체화해 네 가지 조상 제사의 위계를 언급하기도 한다. 가정 제사, 씨족신 제사, 일궁—宮 제사, 이세신궁伊勢神宮의 국가 제사가 그것이다. 확실히 헌은 일본의 조상숭배에 대해 상당히 세부적인 지식을 가지고 있었다. 가령 이 네 가지 조상 제사가 서로 연결되어 있으며, 신도 신자는 매일 아침기도 때 이 신들을 모아 함께 예배드린다는 점, 집안의 신단의 의미와 지역사회의 수호신으로서의 '씨신氏神'을 모시는 마을 신사의 구조적인 의미가 동일하다는 점, 일본인들은 때로 일궁을 참배하며 누구나 생애 한 번은 직접 이세신궁을 참배하거나 대참자를 보낸다는 점, 각 가정의 가미다나神棚에 수납되어 있는 부적은 주로 이세신궁이나 이즈모 대사에서 발행한 것이라는 점, 심지어 이세신궁 오후다의 경우는 20년 주기의 식년천궁 때 파괴된 구 본전 건물 목재로 만들어 전국에 배포된다는 사실까지도 헌은 상세하게 주지하고 있었다. ^{[신도의 발달]5}

　그리하여 마침내 헌은『일본』의 결론부에서 "어떤 입법도 사

자에 대한 조상숭배의 감정을 없애지는 못할 것이다. 그 감정
이 없어지게 되면 일본 국민의 심장박동도 멈춰 버릴 것이다"[성
찰]6라고까지 단언하기에 이른다. 이는 일면 지나친 과장처럼 보
이기도 한다. 하지만 헌 사후 40여 년 뒤에 나온 탁월한 일본론
『국화와 칼』1946에서 저자 루스 베네딕트는 "일본에서 말하는 의
義, righteousness의 기준은 조상과 동시대인들을 포함하는 거대한 상
호 부채의 네트워크 속에서 자신의 자리를 인식하느냐 아니냐에
달렸다"[7]고 하여 '과거에 대한 부채의 감정'이 일본 사회의 중요
한 토대임을 지적함으로써 조상숭배의 중요한 의의를 강조한 헌
의 주장을 뒷받침하고 있다. 그런데 일본의 조상숭배에 대한 헌
의 예민한 감각은 단지 '과거에 대한 부채의 감정'에만 머물지 않
는다. 헌에게 조상숭배는 더 나아가 '현재에 대한 의무의 감정'과
결부되어 있다.

　한편 일본의 경우 효란 부모에 대한 자식들의 존경으로 해석
하는 것만으로는 충분치 않다. 그것은 '복종의 가족 종교'[8]로서
'가족의 의무'라는 '종교적 의미'를 가지기 때문이다. 이렇게 볼
때 일본의 가정은 하나의 종교 단체가 되고 만다. 효는 기원적으
로 복종의 의무에서 비롯된 것이고 본질적으로 종교적이었다.
그것이 충으로 나타난 경우에도 종교적 성질을 띠었는데, 이는
'자기희생적 종교'의 불변적 표현이었다.[충의 종교]9 또한 이 일체의

덕행이 조상숭배에서 나온다고 말하는 히라타 아쓰타네를 인용하면서[10] 헌은 일본 윤리의 전체 체계가 가족 종교에서 나온 것이며, 이런 가정 제사가 있기 때문에 존숭, 충성, 헌신, 자기희생, 애국 등이 가능한 것이라고 이해했다. 헌은 무엇보다 종교에 역점을 두어 조상숭배를 본 것이다. 하지만 효에 대한 이런 식의 확대해석은 다소 지나친 감이 있다. 오늘날의 일본문화론적 개념으로 말하자면 그것은 오히려 일본적 의무 개념인 기리義理를 종교적으로 해석한 것에 가깝다고 말할 수 있겠다. 게다가 헌은 효에서부터 "국가 수호를 위한 모든 도덕적 힘"이 비롯하며, 그 힘은 "정부의 전제주의가 국민의 안녕을 위협할 때 올바른 견제력으로 작동했다"고 주장하는데, 이는 천황을 정점으로 하는 일대 가족 국가로서의 근대 일본이 신권적 파시즘으로 귀결되었다는 역사적 현실을 뒤돌아보건대 전혀 납득하기 어려운 대목이다.

여기서 한 가지 의문이 든다. 주지하다시피 효는 무엇보다 유교적 개념인데, 헌은 효를 말하면서 유교에 대해서는 거의 언급이 없다. 다만 「불교 수용」에서 헌은 유교를 "일본의 조상숭배와 상당히 유사한, 나아가 조상숭배를 기저로 하는 하나의 도덕 체계"로 규정하면서 그것이 만물의 영원한 이념을 해명한 일종의 사회철학을 제공했다고 말한다. 또한 도쿠가와 이에야스의 법령과 처세훈을 대표적인 사례로 들면서 유교의 정치 체계적 측면을 언급하기도 한다. 이는 일면 유교의 본질을 꿰뚫는 이해이기는 하지만 그런 이해의 전거에 대해서는 전혀 설명이 없다. 헌의 유교 이해는 여기까지다. 그는 당시 〈교육칙어〉의 토대이자 일본인의 도덕적 관념에 뿌리내린 유교 자체에 대해서는 정작 관심이 없어 보인다. 물론 그렇다고 해서 헌을 탓할 수는 없다. 일본어 문헌을 직접 읽지 못했던 헌이 이만큼 깊이 있게 일본 사회를 이해한 것만 해도 대단한 일이기 때문이다.

반면에 헌은 서구 문명의 뿌리인 기독교가 일본의 조상숭배에 대해 어떤 의미를 가지는지에 관해서는 매우 분명한 견해를 표명하고 있다. 기독교에 대해 지독한 피해의식을 품고 있던 헌은 기본적으로 일본 기독교의 역사에 대해 대단히 비판적이었다. 가령 그는 당시 서구 기독교의 일본 진출을 종교라는 허울을 덮어쓰고 국가 찬탈을 노리는 정치적 음모라는 관점에서 바라보면서 특히 일본 고래의 신도 및 불교를 부정하는 기독교의 배타적 공격성에 대해 맹렬히 비난하면서 "12세기에 있었던 일본 황실의 분열을 제외한다면, 아마도 일본 민족의 국민적 통합을 위협했던 최대 위험은 포르투갈 예수회에 의한 기독교 전래일 것이다."[(재앙의 예수회)11] 라든가 "일본이 서양의 기독교 신앙을 채용하는 그날은 이 나라의 태곳적부터 이어져 내려온 황통이 끊어지는 날이라고 믿는다"[(성찰)12] 는 극단적인 발언까지 서슴지 않는다.

그리하여 헌은 조상숭배와 기독교의 관계를 다음과 같이 정리한다. "극동 사회는 모두 일본 사회처럼 조상숭배의 토대 위에 만들어졌다. …… 이 가르침은 지금 다른 종교를 배척하면서 전도하고 있는 기독교의 수용으로 인해 도처에서 가장 심각한 장애에 처해 있다. 생활 지침으로서의 종교_{신도}에 가해지는 이런 공격은 최대의 모욕이며 용서받을 수 없는 일대 죄악이라고 생각한다."^{(생활)13} 헌이 볼 때 기독교는 일본 사회조직의 토대가 된 조상숭배와 관련된 모든 신앙적 전통_{특히 불교와 신도}과 본질적으로 정반대의 종교다. 일본은 사회조직의 정점에 천황이 있고 그 천황을 신으로 모시는 종교적 사회로, 거기서 도덕은 관습 그 자체이고 효는 사회질서의 기반이며 충도 이 효에서 출발한다. 그런데 기독교 교의는 남편이 부모를 떠나 부인을 따라야만 한다고 설하면서 효도를 하급 도덕 정도로만 여긴다. 또한 부모, 영주, 지배자에 대한 의무도 로마교회의 가르침에 어긋나지 않는 경우에만 의무로서 인정하면서 최고 복종의 의무는 교토에 있는 신으로서의 천황이 아니라 로마교황에 대한 것이라고 주장한다. 게다가 기독교 선교사들은 일본의 신도 신과 부처를 악마라고 말한다. 헌은 온갖 혼란, 전쟁, 박해, 야만적 잔혹성, 사회불안, 재해의 원인이 되어온 기독교를 결코 용서할 수 없었던 것이다.^{(재앙의 예수회)14}

2 사자 관념

그러나 일본인의 조상숭배에 대한 헌의 입장은 무엇보다 그의 '사자死者' 담론에서 가장 찬란한 빛을 발한다. 과연 조상숭배의 토대에는 '사자'에 대한 특별한 관념이 깔려 있다. 이와 관련하여 헌은 『일본』에서 자신이 강렬하게 느낀 신비로운 일본 이미지를 다음과 같이 '사자의 마법'과 연관시켜 시적으로 아름답게 묘사하고 있다.

일본에서 받는 유일한 느낌은 평화로운 행복감이다. 그것은 밑도 끝도 없이 꿈속에 있는 듯한 느낌이다. …… 이곳 사람들은 누구라도 안개같이 고요한 빛을 받으며 완전히 정적에 잠긴 세계를 소리도 없이 움직이고 있다. 그렇다. 이 신선 같은 사람들은 언제까지라도 누구에게나 단잠의 즐거움을 가져다준다. …… 이 모든 것 속에 마법이 숨겨져 있다. 그것은 사자의 마법spell of the dead이다.[기이함과 매력]15

이처럼 헌이 '사자의 마법'이라고까지 극찬해 마지않은 일본인의 사자 관념이 중요한 주제로 다루어지고 있는 저술은 『일본』만이 아니다. 헌은 『마음』에서 이미 '사자'의 문제에 주목하고 있다. 가령 헌은 "사자에 대한 일본인의 감정은 어디까지나 감사와 존경의 애정이다. 아마도 이는 일본인의 감정 가운데에서도 가장 깊고 강렬한 것인 듯싶다. 국민 생활을 지도하고 국민성을 형성하고 있는 것도 이런 감정인 것 같다. 애국심도 이런 감정에 속하고, 부모를 소중하게 여기는 효도 또한 이런 감정에 속하며, 가족애도 이런 감정에 뿌리내리고 있는가 하면 충성의 염念도 이런 감정에 입각하고 있다"고 말하면서 "이들의 사자는 지금도 살아 있다"[조상숭배에 관한 단상]16고 글을 맺는다. 헌은 일본인의 성격 안에 있는 특이한 감정을 사자에 대한 의무를 항상 잊지 않는다는 점에서 찾고 있는 것이다.

또한 『미지의 일본 견문기』에서 헌은 "사자는 사랑에 의해 신이 된다. 일본인들은 이런 애정 어린 사자 숭배의 마음이 이윽고 자신에게도 향할 것이라는 예비지식에 의해 노년의 쓸쓸함을 위로받았음에 틀림없다. 일본에서는 서양처럼 사자를 그처럼 빨리

라프카디오 헌의 일본론

잊어버리는 일은 절대 없다. 이 나라의 사람들은 단순한 신념에 따라 사자는 언제까지라도 그가 사랑하는 사람들 속에 거한다고 여긴다. 따라서 집 안에 사자가 거하는 장소는 영구히 신성한 장소로 간주된다"(가정의 제단)17고 적고 있다. 사자가 신이 되는 것은 바로 살아남은 자들이 바치는 애정과 사랑 때문이라는 것이다. 헌이 이처럼 신은 인간의 사랑을 먹고 사는 존재라고 말할 때 거기서 우리는 신의 사랑 없이 인간은 살 수 없다는 기독교적 신인神人 관계가 전복되는 풍경을 엿보게 된다. 헌에게 일본의 신은 정확히 기독교적 신에 대한 반테제였다. 이처럼 신격화된 사자의 특성에 대해 헌은 『일본』에서 다음과 같이 적고 있다.

사자는 죽음에 의해 신비한 힘을 획득하여 '위에 선 자' 즉 가미가 된다. 이는 고대 그리스와 로마에서 말하는 의미의 신이다. 그런데 이처럼 신이 된다는 데에는 동서양 모두 선악의 도덕적 구별이 전혀 없다. 신도의 대주석자인 아쓰타네는 '사람이 죽으면 모두 신이 된다'고 적고 있다. 초기 그리스나 후기 로마의 사상계에서도 사자는 신이 된다고 보았다. 이와 관련하여 퓌스텔 드 쿨랑주는 『고대도시』에서 "신이 된다는 것은 훌륭한 사람들만의 특권이 아니다. 아무런 차별도 없다. 유덕한 사람이어야만 한다는 법도 없다. 악인도 선인과 마찬가지로 신이 될 수 있다"고 적고 있다. 신도의 경우도 마찬가지다. 즉 선인은 착한 신이 되고 악인은 악한 신이 된다. 그래서 노리나가는 "착한 신도 있고 나쁜 신도 있으므로 각자 마음에 들 만한 음식 공물을 바치고 거문고를 연주하고 피리를 불고 노래하고 춤추고 기타 신을 기쁘게 하는 것들로 기분 좋게 해드릴 필요가 있다"고 적고 있다.[고대 제사]18

여기서 헌은 쿨랑주를 매개로 하여 국학자 모토오리 노리나가가 밝힌 선악 너머의 신 관념을 고대 그리스·로마인의 신 관념과 만나게 한다. 헌은 본질적으로 선과 악의 분명한 구분을 선호하지 않는 일본적 선악관[19]을 정확하게 파악하고 있었다. 이처럼 선악에 구애받지 않는 신이 된 사자는 절대 타자로서 머나먼 저 하늘 어딘가에 거하는 것이 아니라 바로 지금 여기 이 땅 위에서 생자들과 함께 살고 있다. 일본인은 가족 한 사람 한 사람이 각자 영원히 사자의 시야 밑에 있다고 생각한다. 사자의 눈이 자신의 행동을 일일이 보고 있으며, 사자의 귀가 자신의 말 한마디도 놓치지 않고 듣고 있다고 여긴다는 것이다.[가족 종교]20 여기서 더 나아가 일본인은 사자가 생자의 기쁨과 슬픔과 고통을 함께 나누면서 여전히 이 세상에 살고 있거나, 혹은 여러 면에서 이 세상과 끊임없이 교섭한다고 생각한다. 가령 사자는 살아 있을 때와 마찬가지로 음식과 등불을 원하며, 그런 것을 바치면 답례로 인간에게 여러 가지 이익과 복을 준다고 여기는 것이다. 일본인은 이런 사자의 영혼이 끊임없이 이 세상에 출현하므로 위령할 필요가 있다고 믿었다.[고대 제사]21 헌에 의하면 이와 같은 발상은 고대 그리스인의 사자 관념[22]과 매우 비슷했다. 따라서 "생자의 행복은 사자의 행복에 달려 있다. 이 행복은 상호 도움 없이는 불가능한 것이다."[고대 제사]23 헌은 이 같은 '사자의 종교'가 진화한 것이 바로 근대 일본의 '충忠의 종교'라고 말한다.

> (메이지유신 후 충의 종교는) 신뢰와 의무라는 새로운 국민감정이 되었다. 이것이야말로 근대적 의미에서의 애국심이다. 이 애국심은 겨우 30년 만에 상당한 경이를 성취했다. 지금 전 세계는 그것을 인정하지 않을 수 없을 것이다. 이것이 그 이상 무엇을 성취할 수 있을지는 미래의 과제로 남겨질 것이다. 적어도 지금 여기서 단 하나는 명확하다. 즉 일본의 장래는 바로 고대의 사자의 종교에서부터 오랜 기간에 걸쳐 발전해온 이 새로운 충의 종교를 어떻게 유지하느냐에 달려 있는 것이다.[충의 종교]24

헌은 "일본인 외에 다른 어떤 민족에서도 충성심이 이 정도로 인상적이고 비상한 형태를 보이지 않는다. 또한 조상숭배에서 비롯된 풍부한 신앙에 의해 이 정도로 복종심이 육성되어온 사

라프카디오 헌 일본 담론의 원점: 조상숭배와 사자 관념

례를 일본이 아닌 다른 곳에서는 결코 찾아볼 수 없다"[(충의 종교)25]고 말하면서, 일본의 성공적인 근대화 또한 조상의 도움에 의한 것이라고 해석한다. 하지만 만일 헌이 "무사도란 죽음에 미치는 것이다. …… 제정신으로는 대업을 이룰 수 없다. 정신이 이상해져서 죽음에 미쳐야 한다. …… 거기에 충과 효가 저절로 깃들 것이다"[26]라는 『하가쿠레葉隱』의 구절을 읽었다면 쉽사리 '충의 종교'를 운운하지는 못했을 것이다. 그럼에도 헌이 파악한 일본인의 사자 관념은 민속학적 관점에 한정시켜 보자면 나름대로 설득력을 가지지 않는 것은 아니다. 헌에 의하면 모든 문명사회는 역사상 과거의 일정 시기에 조상숭배의 단계를 통과했다. 그런데 오늘날까지도 발달된 문명과 고대적인 조상숭배가 공존하는 유일한 나라가 있다. 바로 일본이다. 그리고 일본의 조상 제사는 지금도 다음과 같은 민속학적 관념을 함축하고 있다. (1) 사자는 이 세상에 남아 묘지나 원래 거주지 주변에 머물면서 자손들과 함께 거한다. (2) 사자는 초자연적 능력이 있다는 점에서 신이지만, 여전히 살아 있을 때의 대표적 성격을 그대로 유지한다. (3) 사자의 행복은 생자가 바치는 경외와 봉사 여부에 달려 있다. (4) 이 세상에 일어나는 일들은 좋은 일이건 나쁜 일이건 모두 사자의 소업이다. (5) 인간의 행위는 선하든 악하든 사자에 의해 지배받는다. 이와 같은 일본의 조상숭배는 놀랍게도 과거 2,000년 동안 그 본질이 조금도 바뀌지 않았다. 일본의 전체 사회 틀과 도덕의 기초는 이런 조상숭배에 있다. 일본 역사는 곧 종교의 역사다. 비단 정치뿐만 아니라 일본 사회의 거의 모든 영역이 직간접적으로 조상 제사에서 유래한 것이다. 일본 민족을 지배하고 그 운명을 결정지어온 것은 생자가 아니라 사자이다.[고대 제사][27] 다시 말해 사자는 일본 민족의 과거와 모든 희생과 도덕적 경험을 대표한다.[가족 종교][28] 요컨대 헌이 『일본』에서 말하는 신은 '사자'에 다름 아니다.

이와 같은 헌의 이해는 조상숭배와 사자 관념을 일본 종교의 토대로 보았다는 점에서 가장 큰 의의를 가진다. 그러나 거기에는 몇 가지 문제점이 있다. 첫째, 헌은 사자에 의한 지배라는 착상이 전 권을 관통하는 『일본』에서 신도가 조상숭배 그 자체라고 말하지는 않지만, 신도에서 조상숭배의 계기를 너무 과대평가하고 있다. 가령 그는 "고대 일본 사회에는 사자 외에 신은 없었다"고 말하면서 『고사기』의 신들을 비롯하여 헌은 원칙적으로 신도 신들을 모두 사자로 환원하고 있다. 그런데 이는 신과 자연과 인간의 혈연적 연속성에서 '신도의 감각'을 본 마쓰에 시대의 헌의 직관과는 모순된다. 게다가 신도 신들에는 인신人神만이 아니라 자연을 신격화한 신이나 원령신도 많다.

둘째, 헌은 『일본』의 전반부에서 『고대도시』의 제 항목[29]을 서술의 기본 축으로 삼고 있다. 그래서 혹자는 헌이 쿨랑주의 방법론에 과대하게 의존하고 있다고 비판하기도 한다. 나아가 헌은 씨족의 조상령이 상급신들로 발달했다는 스펜서의 발상을 일률적으로 일본에 적용함으로써 일본 신화가 가지는 풍부함을 사상시켰다는 지적도 있다.[30]

셋째, 헌은 순수하게 일본에 기원을 둔 조상숭배를 세 가지 제사 형식으로 구분하면서 그것들을 '신도'로 총칭하고 있는데, 여기서 신도를 일본 고유의 종교로 이해한 것은 일반적인 오류에 해당한다. 신도의 기원과 전개 과정은 매우 다양한 원천을 가지고 있기 때문이다. 가령 일본 신도의 형성은 비단 조상숭배뿐 아니라 한반도의 샤머니즘이나 도교 등과도 밀접한 관계가 있으며, 종종 말해지듯이 결코 자연발생적인 것만은 아니고 오히려 선택적, 조작적이다. 즉 야마토 조정이 대륙 왕권 사상의 영향 아래서 태양숭배를 의도적으로 선택하고 거기에 천신天神 사상을 결부시켜 만들어낸 것이 신도라는 말이다. 또한 신도의 기본적 특성으로 흔히 거론되는 다신교적, 애니미즘적 형태는 사실상 거의 모든 종교의 원초적 형태이며 결코 일본만의 특징은 아니다. 특히 신도는 음양오행설, 신령 숭배, 신들림, 점, 기도, 탁선, 다신 숭배, 신크레티즘 등에서 동아시아 민속 종교와 많은 공통점을 가지고 있다. 그뿐 아니라 신불습합의 결과 신도 의례와 도덕에는 불교에서 유래된 부분이 많이 포함된다. 요컨대 일본 신도는 6세기 이래 불교 수용의 영향 아래서 빨라야 7세기 후반 덴무天武 천황조 율령 체제의 확립 및 관사 제도의 성립기에 생겨난 신사 건축과 더불어 새롭게 형성된 신기神祇 신앙에 그 뿌리가 있다. 신도가 일본 고유의 종교라는 관념은 근대 이후에 만들어진 선전물에 지나지 않는다.[31]

넷째, 헌은 어떤 의미에서는 불교적 조상숭배가 신도적 조상숭배보다 더 일반적이라는 사실을 간과하고 있다. 이는 도쿠가와 시대에 형성된 장례불교에 대한 헌의 무지와 관계가 있어 보인다. 특히 근세 일본의 경우 불교는 죽음의 문제에, 신도는 생의 문제를 담당한다는 역할 분담이 정착됨으로써 조상숭배와 사자의 문제가 신도보다는 일차적으로 불교에 위임된 측면이 존재한다. 오늘날에도 모든 일본인은 사후에 '호토케佛'라 불린다. 또한 가정 내에서 통상 부모와 조부모 등 가까운 조상은 불단에 안치되고 먼 조상은 신단에 안치되며, 33주기가 지나 사령이 순화된 후에야 비로소 가족을 수호하는 가미神가 된다고 여겨진다.

4

라프카디오 헌과
불교

헌은 『마음』에서 "일본은 마땅히 두 위대한 종교에 감사해야 할 것이다. 하나는 일본의 도덕적 힘을 창출하고 보존해왔으며, 개개인에게 자신이나 가족에 앞서 천황과 나라를 생각할 것을 가르쳐준 신도이다. 다른 하나는 일본인들로 하여금 비탄을 정복하고 고통을 인내하며 사랑하는 것의 사라짐the vanishing of things loved과 가증한 것의 폭압the tyranny of things hated을 영원의 법칙으로 받아들이도록 훈련시켜온 불교이다"[(일본 문명의 천재성)1]라고 말한다. 신도는 일본인의 도덕적 힘, 그리고 불교는 인내의 훈련과 밀접한 관계가 있다는 것이다. 그가 "두 가지 위대한 종교"라고 부른 불교와 신도가 일본인에게 끼친 영향 및 그 의의에 대한 이와 같은 요약은 과연 얼마만큼 타당한 이해일까? 본 장과 다음 제5장은 이 물음을 둘러싸고 전개될 것이다. 이에 앞서 먼저 헌의 종교관에 대해 살펴보자.

1

헌의 종교관
범신론과 진화론 사이

헌 작품의 태반은 종교를 다루고 있다. 그는 일본을 이해하기 위해 일본 종교와 일본인의 신앙 세계를 고찰할 필요성을 강하게 느꼈던 것이다. 하지만 정작 헌 자신은 특정한 종교에 대한 신앙을 가지고 있지 않았다. 오히려 그는 "나는 신앙이라든가 도그마 같은 것은 조금도 믿지 않는다"[2]고 말하면서 평생 도그마적 교의라든가 제도화된 종교를 거부했다. 그러나 헌은 대단히 예민한 종교적 감수성을 지니고 있었다. 이런 종교적 감수성은 미국에서의 기자 시절에서도 잘 엿볼 수 있다. 가령 1850년 무렵 미국 전토에는 '스피리추얼리즘Spiritualism'[3]이라는 일종의 신종교 운동이 성행했는데, 헌이 기자로 근무했던 신시내티는 특히 스피리추얼리즘 집회가 많은 도시였다. 거기서 헌은 스피리추얼리즘

라프카디오 헌의 일본론

에 깊은 관심을 가지고 취재를 통해 그 실태를 자세히 관찰하면서 20여 편의 기사를 쓰기도 했다. 그중 「영혼과의 교섭」이라는 기사에서 헌은 취재를 위해 참석한 스피리추얼리즘 집회의 의식 중에 자기 부친의 영혼이 나타나 어린 헌을 돌보지 않았던 것에 대해 용서를 구했다는 극적인 에피소드를 전하고 있다. 나아가 이 기사에서 헌은 "나는 한때 스피리추얼리스트였다. 즉 유령을 믿었던 것이다. 그러나 매일 밤 큰 방의 어둠 속에서 공포감에 휩싸여 비명을 질렀기 때문에 채찍으로 맞았고 그 이후로 유령을 믿지 않게 되었다"고 어린 시절을 회상한다.[4]

유소년기부터 영적으로 예민한 기질을 타고난 헌은 자신의 공포 체험을 후년의 일본 시대에 펴낸 『그림자』 중 「악마의 감촉」에서 상세히 재현하기도 했다. 또한 그는 신도 관련 최초의 에세이 「기즈키」에서 신도적 주술의 배후에 있는 정령의 힘에 주목하는가 하면, 신사를 묘사하면서 '신들린 방haunted Room'이라든가 '정령의 방spirit-chamber' 혹은 '유령의 집ghost-house'이라는 표현을 쓰고 있다.[(생신)5] 그뿐 아니라 조상숭배 및 사자死者 관념과 관련하여 신도 특유의 신앙을 "생자의 세계가 사자의 세계에 의해 직접 지배받는 것"이라고 규정하면서 일본 신도를 "고대의 스피리추얼리즘"[(조상숭배에 관한 단상)6]이라고 부르기도 한다. 이처럼 예민한 영적 감수성을 지녔던 헌은 다음의 글이 시사하듯이, 소년 시절부터 배타적

이고 강제적인 종교 일체를 부정하면서 자신의 양심과 감수성에
따라 신과 마음이 삼라만상 모든 존재에 깃들어 있다고 여겼다.

소년기에 풀 속에 누워 여름날 파란 하늘을 응시하면서 '아, 나도 저
속에 녹아버렸으면! 저 파란 하늘의 일부분이 되고 싶어'라고 생각
했던 것을 나는 지금도 기억하고 있다. 나는 이런 자신의 소년기 공
상에는 신앙심 깊었던 당시 가정교사에게 일말의 책임이 있다고 생
각한다. 당시 나는 무언가 꿈같고 실없는 것들을 추구했는데, 그 교
사는 자신이 생각하는 '범신론의 어리석음과 옳지 못함'에 대해 설
명하곤 했다. 덕분에 당시 16세의 아직 어리고 순진한 시절의 나는
곧바로 범신론자가 되고 말았던 것이다. 그리하여 나의 상상은 하
늘을 운동장으로 삼고 싶다고 생각하게 되었으며, 거기서 더 나아
가 자신이 하늘이 되고 싶다고 생각하게끔 되었다.[7]

일반적으로 범신론의 관점은 삼라만상에 신이 내재하며 모든
존재가 그런 신에 의해 연결되어 있다는 점에서 일체라고 본다.
소년기부터 헌은 이런 범신론적 종교관에 젖어 있었지만, 그렇
다고 해서 (제도)종교의 모든 측면을 다 배척한 것은 아니다. 그
는 맹목적 신앙이나 독단적 교의는 배척했지만, 종교적 심정을
지탱하는 감정, 신비감, 미지의 것, 보이지 않는 세계에의 동경심

등을 인간에게 없어서는 안 될 것으로 긍정했던 것이다. 예컨대 헌은 구마모토 시절 자신이 가르치던 학생들의 종교심이 희박한 것을 지적하면서 1893년 12월 14일 자로 체임벌린에게 보낸 편지에서 다음과 같이 영적 존재에 대한 믿음을 토로하고 있다.

인생에 살아갈 활력과 열망을 부여해주는 것은 영적 존재ghost들입니다. 이들은 인간을 위해 세계를 변화시켰습니다. 이들은 우리에게 살아갈 용기와 목적 그리고 자연에 대한 경외감을 가르쳐주었습니다. 그런 것들이 점차 사랑으로 바뀌었지요. 이들은 존재하는 모든 것들 안에 불가시적인 생명의 의미와 활동을 채워 넣어주었습니다. 이들은 공포와 동시에 아름다움을 만들어냈습니다. 하지만 이제는 이런 영적 존재, 천사, 악령demon, 신들도 더 이상 존재하지 않습니다. 모두 죽어버렸습니다. 이 세상은 전기와 증기 그리고 숫자의 세계가 되어버렸습니다. 그 세계는 텅 비고 차갑고 공허하기만 합니다.[8]

여기서 헌은 영적 존재들이 공포심과 더불어 삶의 목적, 살아갈 용기, 자연에 대한 경외감, 사랑, 생명의 의미, 아름다움을 만들어냈다고 적고 있는데, 이런 독특한 관점은 전술한 유년기의 무서운 유령 체험이라든가 스피리추얼리즘에 대한 그의 남다른 관심과 결코 무관하지 않을 것이다. 이리하여 헌은 1894년 2월 16일 자로 체임벌린에게 보낸 편지에서 스스로를 '종교적'이라고 고백하기에 이른다.

내게 종교는 항상 큰 의미를 가지고 있었습니다. 지금도 나는 막연하기는 하지만 근본적으로 종교적입니다. 모든 아이들의 종교심이 죽고 만다면 매우 추악한 세계가 되겠지요. 왜냐하면 종교심은 유년기의 시詩로서, 이후 그의 모든 사상을 수놓는 것, 적어도 우주적 감정을 가능하게 하는 것이기 때문입니다.[9]

이때 '종교적'이라는 표현은 말할 나위 없이 범신론적 종교심을 가리킨다. 이런 종교심은 우주 관념이 곧 신 관념과 상통한다고 본 스피노자B.D. Spinoza의 범신론적 종교관과 유사하다. 유대인 가정에서 태어나 랍비 교육을 받았지만 범신론적 시각에서 유대교를 비판했던 스피노자와 마찬가지로 헌 또한 자신이 나고 자란 서구의 기독교 교육을 비판하면서 범신론적 우주관과 불교에 깊은 관심을 보였다. 하지만 그렇다고 해서 헌의 종교관이 스피노자의 그것과 완전히 일치하는 것은 아니다. 스피노자는 신의 인격화를 철저하게 부정하면서 신의 존재가 자연 속에 내재한다고 보아 신과 자연이 둘이 아니라 하나라는 결론에 도달했다. 하

라프카디오 헌의 일본론

지만 헌에게서 "신=자연"이라는 스피노자적 범신론의 발상은 찾아보기 어렵다. 헌의 범신론적 종교관은 스피노자적 범신론보다는 오히려 진화론과 종교를 접목시킨 스펜서의 진화론적 종교관에 더 근접해 있다. 스펜서에 관해서는 뒤에서 다시 상술하기로 하고 여기서는 진화론 및 범신론과 관련하여 헌이 어떤 종교관을 가지고 있었는지에 대해 좀 더 생각해보기로 하자. 가령 헌은 마지막 저작인 『일본』에서 진화론과 범신론을 언급하면서 다음과 같이 자신의 종교관을 피력하고 있다.

> 무릇 종교 형식에는 어떤 것이든 그 근저에 무언가 불후의 진리를 간직하고 있다. 진화론자는 종교를 분류하지 않으면 안 된다. 진화론자는 인간 사상의 진보에 있어 다신교보다도 유일신교 쪽이 더 큰 진보를 나타낸다고 생각한다. 유일신교는 수많은 정령들에 대한 신앙을 눈에 보이지 않는 전능한 힘이라는 하나의 사고에 녹여버린다. 심리학적 진화론의 입장에서 보자면, 진화론자는 말할 것도 없이 범신론을 유일신교보다 더 진화한 것으로 본다. 또한 유일신교와 범신론에서 더 진화하면 불가지론자가 된다. …… 어떤 사회든 그 사회에 대한 종교의 가치는 해당 사회의 도덕 경험에서 종교가 자연스럽게 적응하는 능력에 따라 좌우된다.[재앙의 예수회]10

요컨대 헌은 종교가 불후의 진리를 간직하고 있다는 생각을 전제로 하여 다신교-유일신교-범신론-불가지론이라는 진화의 흐름을 상정하면서, 종교의 가치를 상대적인 것 혹은 각 사회의 도덕적 경험에 따른 필요성에 부응하는 것으로 이해하고 있다. 종교에 대한 이런 진화론적 이해는 범신론과 다신교를 동일한 범주 안에 집어넣거나 불가지론보다 유일신교를 최고의 진화 단계로 설명하는 일반적인 이해와는 상이한 인식을 보여준다. 이는 진화론 자체에 대한 헌의 독특한 관점에서 비롯된 것으로 보인다.

진화론은 우리가 저 미지의 궁극자Unknown Ultimate와 하나라는 점을, 물질도 정신도 이 궁극적 존재의 시시각각 변하는 표상에 불과하다는 점을 우리에게 가르쳐준다. 진화론은 우리 각자가 개체이자 다多라는 점, 우리 모두는 서로 동일하며 또한 우주와도 동일하다는 점을 가르쳐준다. 그것은 우리가 모든 과거 생의 인간성을 우리 안에 간직하고 있음을 알려준다. 모든 생명의 귀중함과 아름다움 속에는 그런 인간성이 흐르고 있다. 따라서 진화론은 우리가 타자 안에서 자신을 가장 잘 사랑할 수 있다는 점, 또한 타자 안에서 자신을 가장 잘 다룰 수 있다는 점, 형태 있는 것들은 환영에 지나지 않는다는 점, 사자이건 생자이건 인간의 모든 감정은 형태 없는 무한자

formless Infinite에 속해 있다는 점을 우리에게 가르쳐준다.^{(조상숭배에 관한 단}

상)11

이처럼 물질과 정신을 우주의 궁극적 존재와 하나라고 본 헌의 진화론적 관점은 그 자체가 범신론을 함축하고 있다. 다시 말해 헌에게 진화론은 그 근저에서 범신론과 만나고 있었던 것이다. 이와 같은 진화론적 범신론을 토대로 사랑과 생사의 본질이 무한에 속해 있다는 점을 역설하는 헌에게서 우리는 지극히 개인적이면서도 보편적인 종교관을 엿보게 된다. 나아가 헌은 『마음』에서 진화론의 관점에 입각하여 다음과 같이 종교의 미래를 진단한 적도 있다.

> 단순한 교의로서의 종교는 결국 소멸될 것이다. 이는 진화론 연구
> 가 도달한 하나의 결론이다. 하지만 인간의 감정으로서의 종교, 즉
> 인간과 별들을 형성시킨 미지의 힘에 대한 신앙으로서의 종교마저
> 도 흔적도 없이 사라져버릴 것이라고는 오늘날 도저히 생각하기 어
> 렵다.^{(전생 관념)12}

이때 "인간의 감정으로서의 종교"를 말하는 헌의 종교관은 사유_{교의}나 행위_{의례}보다는 직관과 감정 혹은 무한에 대한 감수성을

종교의 본질로 규정한 슐라이어마허F.D.E. Schleiermacher의 종교관과 일치한다. 그러니까 헌은 도그마로서의 종교는 배척했지만, 영원한 진리의 근원은 모든 신앙에서 동일하다고 생각했다. 따라서 그는 종교의 또 다른 기능 즉 스스로를 방편으로 삼아 단순한 우화가 아니라 생명의 진리와 신비를 비유적으로 설명하는 종교의 역할은 진화 여부와 상관없이 미래에도 사라지지 않을 것이라고 여겼다. 더 나아가 헌은 종교기독교가 말하는 신적 사랑을 '이상화된 인간적 배려'라고 간주하면서도 그런 절대적인 신적 사랑에 의존하지 않는 인간 상호의 사랑과 배려야말로 참된 구원의 힘이라고 말한다. 바꾸어 말하면 세계 구원의 책임이 다름 아닌 인간 자신에게 있다는 것이다.

> 인간 상호 간의 사랑 외에 신의 사랑 같은 것은 이 세상에 없다. 전지전능한 신이라든가 구세주라든가 수호신 같은 것은 어디에도 있지 않다. 결국 우리는 우리 자신 외에는 기댈 도피처가 없다.(석불)13

모든 책임이 신이 아니라 인간에게 있다고 주장하는 헌에게 진화론 사상은 도덕과 윤리의 문제로 귀결되지 않을 수 없다. 이처럼 인간을 최종적인 척도로 삼는 헌의 휴머니즘에는 자력 신앙을 강조하는 불교뿐만 아니라, 계몽주의라든가 진화론과 결부된 과학적 합리성과도 만날 수 있는 여지가 내재되어 있었다. 그런데 통상 계몽주의에서 종교는 불합리한 것 혹은 일종의 고차적인 미신에 불과한 것이고, 과학은 합리적이며 이성적인 것으로 간주되기 십상이다. 헌에게 있어 종교와 과학의 접점에 관해서는 후술하기로 하고, 여기서는 그에게 종교와 과학이란 단순히 이분법적인 대립 구도로 파악될 수 있는 그런 것이 아니었다는 점을 지적하는 데 그치기로 하자. 헌에게 합리성이란 어디까지나 개인의 내적 체험을 중시하는 범신론적, 신비주의적 낭만주의에 토대를 둔 것이었기 때문이다. 19세기 말에 유행한 두 가지 사조는 스펜서의 진화론적 과학 사상과 막스 뮐러F. Max Müller, 1823~1900의 낭만주의에 입각한 종교학이었다. 헌도 이 두 가지 사조에 많은 영향을 받았다.

라프카디오 헌과 불교

2

헌의 불교 이해

이상과 같이 스피리추얼리즘, 범신론, 진화론, 휴머니즘, 낭만주의가 뒤범벅된 복합적인 종교관을 가졌던 헌은 기독교도로 태어나 양육되었으나 언제부터인가 불교에 관심을 가지기 시작했고, 점차 스펜서 철학을 통해 불교 이해를 보강하면서 독자적인 불교 사상을 형성하였다. 그는 스스로 스펜서주의자를 표방하면서 지적 차원에서는 진화론과 불가지론을 신봉했지만, 마음속은 불교에 경도된 범신론자였다. 헌은 1879년 영국의 시인이자 저널리스트인 아놀드Edwin Arnold, 1832~1904의 불교를 예찬한 명작 『아시아의 빛The Light of Asia』1906에 대한 비평기사를 쓴 적이 있었는데, 이를 계기로 점차 불교에 대한 그의 관심이 깊어지기 시작했다. 이와 관련하여 헌은 1883년 친구 오코너에게 보낸 편지에서 다음과 같이 적고 있다.

아놀드의 『아시아의 빛』이라는 아름다운 신판을 보셨습니까? 나는
완전히 매료당했습니다. …… 결국 어떤 비밀스러운 가르침을 감추
고 있는 불교가 미래의 종교가 되지 않을까요? 모든 현대철학은 고
대 인도의 가르침, 즉 눈에 보이는 것은 눈에 보이지 않는 것이 방
사된 것에 불과하며, 사유라는 꿈의 환상이자 그 산물이고 그림자
라는 가르침을 받아들이는 경향에 있습니다. 기독교도가 공상하는
천국이라는 것도 결국은 열반니르바나에 다름 아닙니다. 즉 인간과
신적 존재의 영원한 상호 융합 속에서 개인성이 소멸하는 것에 다
름 아닙니다. 왜냐하면 육체를 가지지 않고 물질성을 가지지 않고
감각을 가지지 않는 상태란 무無에 다름 아니니까요.[14]

여기서 헌은 불교를 '미래의 종교'라고 절찬하면서 열반을 '개
인성자아의 소멸'이라고 정의 내리고 있다. 이야말로 헌 불교 이해
의 출발점이자 종착점이다. 그것은 인간이 자기 존재의 근거로
믿는 '실체' 개념의 폐기를 의미한다. 자아에고의 실체성을 회의한
헌에게 사람들이 실체라고 생각해온 것들은 다만 환영에 지나지
않았다. 물질적인 것이 실제로 존재하는 것은 아니며, 눈에 보이
는 인간은 실체가 없는 유령ghost이라는 것이다. 도쿄대 교수 다케

우치 노부오는 이를 "20여 년간에 걸친 헌 불교 연구의 결론"[15]이라고 말하면서 헌은 자아라는 환영 곧 실체 없는 유령의 배후에서 유일한 실재를 본 것이라고 이해한다.

헌은 미국 체재기부터 당시까지 서양 학자들이 영어와 불어로 펴낸 최고 수준의 불교 관련 서적들, 가령 막스 뮐러의 『불교 연구』1999 및 그가 편집한 50권 분량의 『동방성전』1879~1910, [16] 올콧트 H.S. Olcott의 『어느 불교도의 교리문답』1881, 하디Spence Hardy의 『불교 입문』1853 등을 섭렵했다. 현재 도야마富山 대학의 헤른 문고ヘルン文庫에는 헌이 일본 시대에 소지했던 장서가 보존되어 있는데, 그 중 불교 관련 서적은 위 책들을 포함하여 80여 권이나 된다. 이처럼 이미 불교에 대한 깊은 관심을 경주했던 헌은 메이지 시대 서구인으로서 일본학의 제1인자였던 체임벌린에게 보낸 편지에서 자신이 어떤 종교든 신자는 될 수 없지만, 만일 신앙을 가진다면 그것은 불교일 것임에 틀림없다고 적고 있다.[17] 또한 그의 일본인 아내 세쓰의 회상에 의하면, 헌은 절에서 살고 싶다고 하면서 아내보고 여승이 되라고 한다든가 또는 다음 세상에 여승으로 태어나라고 말한 적도 있다.[18] 그러니까 일본 근대시의 아버지라 불리는 하기와라 사쿠타로萩原朔太郎가 「헌에 대한 사모」라는 글에서 헌을 불교 신자라고 지칭한 것도 전혀 근거 없는 이야기만은 아닌 것 같다.[19] 하지만 헌은 제도종교로서의 불교 신자는

아니었다. 다만 철학적으로 불교에 몰입했던 헌은 특별히 연기론과 업業, 카르마 그리고 열반 사상에 깊이 매료당했다.

헌은 자신의 범신론적 발상에다 불교의 연기법을 겹쳐 보았다. 그에게 범신론 사상은 신이라든가 마음의 존재가 우주 전체를 관통함으로써 일체감을 나타낸다는 점에서 불이론不二論적인 '연기緣起'와 상통하고 있다. 연기법은 모든 현상은 무수한 원인과 조건들이 상호 연관하면서 성립한다는 의미에서 삼라만상 모든 것이 서로 의존하고 서로 연결되어 있다고 설한다. 거기서는 존재하는 모든 것이 유기적으로 결부되어 하나의 일체를 구성하고 있는데, 헌은 이런 일체성을 드러내는 원인이 진화의 활동이라고 보았다. 이런 불이론과 관련하여 헌은 불교에서 유일한 실재는 붓다뿐이라고 말한다. 그에 의하면 불교는 "일종의 일원론Monism"(고차적 불교)[20]이다. 이때 일원론이란 존재하는 모든 것을 단일한 실재나 실체의 관점에서 설명할 수 있다는 철학적 관점을 가리킨다. "붓다 외에는 어떤 실재도 존재하지 않는다. 붓다만이 유일한 실체이며 그 밖의 다른 것은 모두 업의 산물에 지나지 않는다"(고차적 불교)[21]고 생각한 헌은 『마음』에서 자신이 발견한 불교의 깊은 의미에 관해 다음과 같이 적고 있다.

붓다는 고타마도 여래도 아니다. 그것은 인간 마음속에 있는 어떤

라프카디오 헌과 불교

신성한 것이다. 우리는 모두 무한의 누에고치이다. 이 고치는 모두 그 안에 영적 붓다ghostly Buddha를 품고 있으며, 이 점에서 모든 중생은 일체이다.(신들의 황혼)22

여기서 헌은 인간을 "무한의 누에고치 안에 신성한 것으로서의 불성 즉 영적 붓다를 품고 있는 존재"라고 표현하고 있다. 헌의 풍부한 문학적 감수성을 잘 보여주는 이 표현에서 우리는 인간에 대한 근원적인 신뢰감을 엿볼 수 있다. 하지만 헌이 인간에 대해 무조건적인 낙관론을 품고 있었던 것은 아니다. 그는 기본적으로 인간의 오류성과 유한성을 깊이 인식하고 있었다. 이는 여래장如來藏 사상에 대한 헌의 다음과 같은 기술에서 잘 드러난다.

우주는 무궁무변한 실재가 발산한 것이리라. 하지만 그 실재가 우리를 창조한 것이라고 말할 수는 없다. 우리 각자의 자아의 근원은 우주의 마음이다. 따라서 우리 안에는 우주적 대자아가 최초의 미혹primal illusion의 원인과 함께 이미 있는 것이다. 이처럼 자아의 근원이 미혹의 인과 안에 포장되어 있는 상태, 이를 우리는 '여래장' 혹은 '붓다의 자궁Womb of the Buddha'이라 부른다. 우리가 모두 물처럼 땀을 흘리면서 애쓰고 노력하는 그 궁극적인 목적은 무엇인가 하면 결국 그것은 무한한 원초적 대자아로 돌아가는 것인데, 이런 대자

라프카디오 헌의 일본론

아가 곧 붓다의 본체인 것이다. ^{[요코하마에서]23}

여래장이란 산스크리트어 '타타가타가르바'_{Tathāgatagarbha}'를 번역한 한어로, 여래태_{如來胎}라고도 한다. 이때 '여래_{타타가타}'는 '깨달은 자'로서의 붓다를 의미하고 '장' 또는 '태_{가르바}'는 모태 혹은 태아를 가리키는 말이다. 따라서 여래장은 '그 태내에 붓다를 잉태하고 있는 상태' 또는 '성장해서 붓다가 될 태아'라는 두 가지 뜻을 함께 담고 있다. 한마디로 여래장이란 모든 중생이 여래_{붓다}가 될 수 있는 가능성을 뜻하는 말로, 이는 누구나 본래부터 가지고 태어난다고 말해지는 불성_{佛性} 또는 진여_{眞如}와 동일한 개념이라 할 수 있다. 헌은 이런 여래장을 '붓다의 자궁'이라고 표현하고 있는데, 엄밀한 의미에서 이는 '붓다를 품고 있는 자궁'이라고 고쳐 말해야 할 것이다.

어쨌거나 헌이 여래장을 '붓다의 본체'로서의 '대자아'라든가 '우주의 마음'과 연관시켜 이해한 것은 틀린 말은 아니다. 무엇보다 헌이 모든 인간 안에 '붓다가 될 가능성'이 내재되어 있다고 보면서도 동시에 '최초의 미혹' 또한 처음부터 함께 있다고 이해한 부분은 그가 여래장 사상의 핵심을 어느 정도 정확하게 파악하고 있었음을 보여준다. 여래장 사상에 의하면, 깨달음에 이르지 못한 상태의 '범부_{凡夫}'는 비록 현실적으로는 미혹_{迷惑}과 더러움에 뒤덮여 있지만 그 본성은 청정하며 수행에 의해 그 청정한 본성을 전부 나타낼 수 있다고 말해지기 때문이다. 불교에서는 인간의 미혹과 깨달음, 일상심日常心과 여래장의 관계에 대한 이와 같은 주장을 '여래장 연기설如來藏緣起說'이라고 한다. 아마도 헌은 여래장 연기설의 두 측면 즉 인간의 근원적인 한계성 및 그런 한계에도 불구하고 붓다가 될 수 있는 가능성이라는 양면성에 매력을 느꼈던 듯싶다. 요컨대 헌은 자아가 환영에 싸여 있는 상태를 여래장이라고 이해한 것이다.

연기설 및 여래장 사상과 더불어 헌이 깊이 공감한 불교 사상으로 업業, 카르마과 윤회전생輪廻轉生 사상을 들지 않을 수 없다. 고대 인도에서 업은 원래 그저 행위를 가리키는 말이었는데, 후에 불교의 인과응보 사상과 결합하면서 이전부터 존속하여 작용하는 일종의 힘으로 여겨지게 되었다. 하나의 행위가 반드시 선악 혹은 고락의 인과응보를 초래한다는 관념, 즉 업에 의한 윤회전생 사상이 생겨난 것이다. 그리하여 업이 전생에서 내세로 이어진다고 설해지게 되었다. 불교에서 가장 난제라 할 수 있는 업의 문제와 관련하여, 헌은 우주 전체가 이런 업의 작용으로 형성되었다고 말한다. "하나의 대생명, 하나의 대자아가 있을 뿐이다. 인간의 개성이라든가 인격은 이 대자아의 일 현상에 지나지 않는다. 물질도 업이고 정신 혹은 마음도 업이다."(고차적 불교)24 다시 말해 우주의 모든 현상과 삼라만상은 서로 상호작용하면서 성립되었고 독립적으로 자존하는 것은 하나도 없다. "일체의 객관적, 주관적 존재는 업Karma에 의해 만들어진다. 현재는 과거가 만든 것이며, 이 현재와 과거의 행위가 결합되어 미래의 상태를 결정하는 것이다."[(고차적 불교)25] 그런데 헌은 이런 업에 토대를 둔 윤회전생 사상에 대해서는 의문을 제기한다.

> 우리가 자아라고 부르는 것은 육신이 죽으면 해체된다. 하지만 사는 동안에 형성된 업은 새로운 육신과 새로운 의식을 초래한다. 그리하여 전세에 행한 업행위으로 인해 현세에서 고통을 받게 된다. 하지만 그런 전세의 행위 당사자와 현세의 자신은 동일인이 아니다. 그렇다면 결국 인간은 타인이 범한 과오의 책임을 짊어져야 한다는 말인가?[(고차적 불교)26]

전세와 현세의 당사자는 동일인이 아닌데, 전세의 업을 현세의 자신이 책임져야 한다는 것은 과연 도덕적으로 합리적인 타당성을 가질 수 있을까? 이것은 매우 근원적인 물음이다. 이런 물음에 대해 헌은 불교 형이상학의 입장을 대변하면서 반론을 편다. "이 질문은 개성의 존재를 가정하기 때문에 물음 형식부터가 틀렸다. 개성이란 존재하지 않는다. 이 질문을 하는 '당신'이라는 개성은 실제로는 없다. 고통은 사실 전세 혹은 대대로 있었던 누군가가 범한 과오의 결과이다. 그러나 개성이 존재하지 않기 때문에 어느 타인의 행위에 대한 책임을 지는 일도 있을 수 없다. "(고차적 불교)27 하지만 헌은 이런 답변이 충분치 않다고 생각한다. 그것은 아무래도 너무 애매하고 불명확하다. 이런 반론을 이해하려면 개성이라는 사고방식을 버려야만 할 것이지만, 그건 너무 어려운 일이기 때문이다. 그래서 헌은 반론에 대한 재반박을 시도한다.

계속해서 이어지는 전생轉生은 통상적인 의미에서의 윤회는 아니다. 그것은 다만 업의 자기 증식을 의미할 뿐이다. 생물학적인 용어를 빌리자면 그것은 일면 영적인 무성아 번식gemmation에 의해 특정 상태들이 영속적으로 증식하는 것을 뜻한다. 하지만 불교식 설명에 의거하자면 그것은 하나의 램프 심지에서 다른 램프 심지로 불이 옮겨 붙는 것과 같다. 거기서 가령 100개의 램프에 옮겨 붙은 불들은 그 기원은 같지만 모두 각각 다른 불이 된다. 이는 덧없는 개개 삶의 공허한 불꽃 속에 유일한 실재의 일부가 담겨 있음을 시사한다. 그러나 불변의 영혼이 윤회하는 것은 아니다. 다만 성격이나 상태로서의 업만이 탄생에서 탄생으로 이행되어갈 뿐이다.(고차적 불교)28

라프카디오 헌의 일본론

더부살이고사리는 잎 끝부분에 무성아無性芽[29]를 만들어내는데, 그 무성아가 땅에 닿으면 싹이 발아하여 새로운 개체가 탄생하게 된다. 헌은 윤회전생을 "영적인 무성아 번식"에 비유하면서, 윤회하는 것은 불변의 영혼 같은 유일한 실재의 일부가 아니라 유전자를 내포한 성격이나 상태로서의 업이라고 설명한다. 이로써 헌은 불교적 윤회전생설을 도덕적으로 납득하거나 인정하기 어렵다는 자신의 입장을 분명히 하고 있다. 이 대목은 그 입장의 타당성 여부를 떠나 불교에 대한 헌의 이해가 상당한 수준에 도달해 있다는 점뿐만 아니라, 문학자로서 헌의 풍부한 감성이 철학적인 명석한 논리로 무장되어 있음을 잘 보여준다. 하지만 헌은 결국 업의 문제는 어떤 논리로도 해결할 수 없는 난제라는 점을 받아들인 듯싶다. 그의 열반 이해는 바로 이 지점에서부터 출발한다.

『동국에서』에 등장하는 한 일본 고승에게 헌은 "서양인의 사고방식에 의하면, 절대 휴지absolute rest를 행복한 상태로 여기는 것은 좀 무리입니다. 불교에서 말하는 열반이라는 관념에는 무한의 정지 상태 즉 우주 전체의 부동 상태라는 관념이 포함되어 있는지요?"라고 묻는다. 그러자 고승은 "아니요, 열반이란 것은 절대 자족, 전지전각全知全覺의 상태입니다. 우리는 열반을 무엇이든 활동이 멈춰버린 상태라고 생각하지는 않습니다. 오히려 그것은 일체의 속박에서 벗어난 지고의 자유 상태라고 생각합니다. …… 우리는 열반이란 무한한 통찰력, 무한한 지혜, 무한한 영적 평화의 상태라고 믿고 있습니다"[(요코하마에서)30]라고 대답한다. 이 불교 문답은 헌이 열반에 관한 서구인의 일반적 이해를 수정하여 "열반은 정지가 아니라 역동적인 해방이다. 그것은 오직 '조건 지워진' 존재에서 '모든 조건으로부터 벗어난' 존재로의 전이를 의미한다"[열반)31]는 대승불교적 관점에 이르는 중요한 계기가 되었음에 틀림없다. 예컨대 대승불교의 『열반경』에서는 헌이 말하듯이 열반을 정지가 아닌 역동적인 활동으로 본다.

열반에 대한 이와 같은 헌의 이해는 '자아'에 대한 이해와 떼려야 뗄 수 없는 관계에 있다. 먼저 헌은 "하나의 실재가 있을 뿐이며, 영구적인 개체도 불변적인 개성도 있을 수 없다. 있는 것은 다만 가상의 자아phantom-self뿐이다. 그 가상은 단지 파도가 끊임없이 밀려왔다 밀려나가는 것처럼 '탄생과 죽음의 영적 바다' 위에서 끊임없이 이어나갈 뿐이다"[열반)32]라고 적고 있다. 이처럼 헌은 자아는 가상일 뿐이며 불변적인 것이 아니라는 무상無常의 교의를 불교 철학 중에서도 가장 두드러진 교의일 뿐만 아니라, 또한 도덕의 측면에서도 가장 중요한 교의로 간주하면서 다음과 같이 스펜서를 끌어들인다.

라프카디오 헌의 일본론

스펜서는 의식이 존속하는 한 인간은 실재를 알 수 없다고 말한다. 그것은 의식이 존속하는 한 주관과 객관의 상반성을 초월할 수 없기 때문이며, 또한 의식을 가능하게 하는 것은 상반성 그 자체이기 때문이다. 이에 대해 불교 형이상학자는 '실로 그러하다. 의식이 존속하는 한 인간은 유일한 실재를 알 수 없다. 그러나 의식을 말살해 버리면 실재를 인식할 수 있게 된다. 마음의 환영을 말살하면 광명이 나타날 것이다'라고 대답할 것이다. 의식의 말살, 그것은 곧 열반을 의미한다. 그것은 인간이 자아라고 부르는 것의 완전한 소멸이다. 자아는 맹목적인 것이다. 그런 자아를 소각하면 실재가 무한한 비전, 무한한 평화로서 나타날 것이다"(고차적 불교)33

스펜서의 영향에 관해서는 뒤에서 다시 다루기로 하고, 여기서는 헌이 스펜서의 관점에 따라 자아를 무상한 것으로 보면서, "열반은 개개인의 감각, 감정, 생각의 소멸 즉 '나'라고 말할 때 그 안에 포함될 수 있는 모든 것, 의식하는 인격의 최종적인 해체를 의미한다"(열반)34고 기술할 때 그것이 어떻게 역동적인 열반 이해와 접속될 수 있는지에 주목할 필요가 있다. 열반을 절대무 즉 무한한 정지로서의 완전한 적멸 상태로 본 서구 불교 연구자들의 일반적인 이해는 '영원한 자아로서의 영혼'을 뜻하는 '아트만atman'에 대한 이해와 밀접한 관계가 있다. 3,000년에 걸친 인도 사상사는 아트만에 대해 상반된 두 가지 흐름의 견해를 보여준다. 하나는 사후에도 영혼이 계속 존속된다고 보는 힌두교 및 바라문교의 입장이고 다른 하나는 그런 불변적인 영혼은 없다고 주장하는 불교의 입장이다. 헌을 비롯한 당대 서구의 불교 연구자들이 익숙해 있던 것은 "불교 철학은 인격의 전생轉生이라든가 개개인의 불변적인 영혼을 말하지 않는다"[(열반)35]는 상좌부불교의 관점이었다. 그러니까 당시 서구에서는 "영혼이 완전히 없어지는 상태, 그것이 곧 열반"이라는 이해가 일반적이었다.

그런데 「극동에서의 첫날」에 의하면, 헌이 처음 일본 땅을 밟은 날 우연히 만난 일본 청년 아키라는 "불교도는 영혼이 과거에도 미래에도 영구히 변함없이 존재한다고 믿고 있습니다"라고 말한다.[36] 이에 대해 헌이 열반에 들어간 후에도 그런 영혼이 존재하느냐고 묻자 아키라는 그렇다고 대답한다. 이는 열반을 영혼까지 포함한 모든 것의 소멸로 알고 있던 헌으로서는 대단히 충격적이었을 것이다. 그후 헌은 「열반」에서 이 영혼의 문제에 대한 수정된 생각을 밝힌다. 가령 "열반은 곧 소멸을 의미한다. 하지만 그렇다고 해서 개개 존재의 이와 같은 소멸을 영혼의 죽음이라고 이해한다면 그것은 잘못된 것이다"[(열반)37]라 하여 헌은 사후 또는 열반에 들어간 이후에도 영혼이 사라지지 않고 존속한다는 이해를 표명하고 있다. 열반에 들어갈 때 소멸되는 것은 영혼이 아니라 단지 감각과 의식을 가진 자아라는 말이다. 이처럼 영혼의 사멸을 부정하게 된 헌은 다음과 같이 자아를 '영혼의 껍데기'로서의 업 자체라고 말하기도 한다.

> 열반에 들어가는 것은 감각과 의식을 가진 자아가 아니다. 자아란 무수한 번뇌의 일시적인 집합에 불과하다. 그것은 영혼의 껍데기로서 언젠가는 부서지고 말 포말일 뿐이다. 즉 자아란 업에서 생겨난 것이다. 아니, 자아 자체가 곧 업이다. 이 점을 충분히 이해하기 위해서는 독자는 불교 철학에서 행行과 상想이 물질과 정신 속에서, 즉 우리가 말하는 객관적 현상과 주관적 현상 속에서 상호 결부된다는 점을 알아야만 한다. 우리가 발 디디고 서 있는 이 대지와 산, 숲, 강, 바다, 세계, 달 등 가시적인 모든 삼라만상은 행과 상의 합성물이며 업인 것이다.^{(열반)38}

"열반에 들어가는 것은 감각과 의식을 가진 자아가 아니"라는 발상은 자타합일의 불이론不二論에 익숙한 동양인에게는 그다지 특별해 보이지 않겠지만, 자아 중심의 주체 철학에 길들여진 서구인에게는 파격적인 것으로 받아들여졌을 법하다. 한편 위 인용문에서 '행'과 '상'은 오온五蘊 가운데 두 요소에 해당한다. 오온이란 생멸 변화하는 모든 존재를 구성하는 색色, 육체 혹은 물질, 수受,

지각과 느낌, 상想, 생각, 행行, 욕구와 의지, 식識, 마음 혹은 의식의 다섯 요소를 가리키는데, 불교는 우리가 '나'라고 여기는 인간 존재는 이 오온의 집합체에 불과하며, 그런 오온에 집착하는 것 즉 아집集이 모든 고통苦의 원인이라고 설한다. 이 점에서 헌이 행과 상을 자아라든가 업과 결부시켜 이해한 것은 적절해 보인다.

3

불교와 과학의 일치
스펜서의 영향

헌이 살았던 19세기 후반은 유럽 계몽사상기가 끝날 무렵으로, 과학혁명이 박차를 가하고 그 상승효과로서 철학과 자연과학 사상이 상호 발전하던 때였다. 그 중심인물로 스펜서Herbert Spencer, 1820~1903, 헉슬리Thomas Huxley, 1825~1895, 헤켈Ernst Haeckel, 1834~1919 등을 들 수 있는데, 이들은 모두 헌의 불교관에 적지 않은 영향을 미쳤다. 헌은 이 3인의 사상을 선택적으로 차용하여 불교 이해에 적용했으며,[39] 그중에서도 특히 스펜서를 '역사상 최대의 천재'라든가 '세계 최고의 철학자' 혹은 '불교 철학의 대가'[40]라는 식으로 절찬하면서 "나는 감히 스스로 허버트 스펜서의 제자임을 자임한다"[고차적 불교][41]라고 밝히기를 주저하지 않았다. 일찍이 뉴올리언스 시절인 1885년에 스펜서의 금자탑이라 할 만한 『제1원리First

『*Principle*』1862를 읽었던 헌은 비스랜드에게 보낸 편지에서 "나는 진화론자입니다"[42]라고 밝힌 바 있는데, 그에게 진화란 "일체의 존재가 앞서 존재했던 것에 깨달을 수 없을 정도로 천천히 작용하여 일어나는 변화를 지칭하는 말"(고차적 불교)[43]을 의미했다. 이하에서는 스펜서가 헌에게 끼친 영향을 중심으로 특히 불교와 과학의 합일에 관한 헌의 관점을 정리해보기로 하겠다. 그는 불교에 관한 많은 글을 통해 특히 스펜서 사상과 불교 사상을 비교하면서 공통점을 끌어내어 깊게 분석했는데, 이런 헌과 스펜서의 밀접한 관련성은 다음 몇 가지로 요약될 수 있다.

첫째, '적자생존'이라는 표현을 처음 썼고 사회진화론(사회다윈론)의 아버지로 불리는 스펜서 철학과 사상의 버팀목은 말할 것도 없이 진화론이다. 이때 스펜서는 다윈을 넘어서서 생물만이 아니라 종교, 사회, 윤리, 심리 등 인간의 모든 국면에 진화론을 적용시키고자 했다. 그러면서 모든 유형의 진화에는 "이동하는 평형성(moving equilibrium)에의 끊임없는 접근 또는 그런 평형성을 어느 정도 완전하게 유지하려는 경향"[44]이 있다고 지적한다. 이런 스펜서의 진화론에 많은 영향을 받은 헌은 저술에 종종 스펜서를 인용하면서 그의 진화 사상이 불교 사상의 진리를 뒷받침해준다고 해석하곤 했다. 가령 헌은 진화하면 할수록, 혹은 환생하면 할수록 (선행을 쌓는다는 전제하에서) 불교에서 말하는 완전한 최종적 상태인 열반에 더 가까워질 것이라고 여겼다.[45] 무엇보다 헌은 불교의 자아관이라든가 업 사상을 스펜서의 진화론과 결부시킨다. 스펜서에 의하면, 인간의 감정과 사유와 본능은 사실상 과거의 오랜 진화의 도상에서 무수한 경험의 결과들이 조직되어 유전된 기록에 다름 아니다. 이와 마찬가지로 헌은 "불교는 여전히 인류의 동경에 깊이 합치한다. 도덕적 진보와 조화는 귀중한 도덕상의 유효한 가설이다. 우리가 물질적 우주라 불리는 것의 실재를 믿든 믿지 않든, 설명할 수 없는 유전법칙의 윤리적 의의는 업의 교의를 뒷받침해준다"[전생 관념][46]고 말하는데, 이는 유전과 업, 유전과 윤리가 불가분의 관계에 있음을 시사한다. 헌이 보기에 업에 의해 움직이는 유전은 스펜서가 말한 '이동하는 평형성'과 마찬가지로 우주의 조화로운 진화와 작동에 포함된 하나의 윤리적 원리로서 냉혹한 진화론적 법칙에 속해 있다. 이 점에서 헌은 스펜서의 충실한 해석자라 할 수 있다.

둘째, 스펜서는 모든 현상을 망라한 철학을 '종합철학synthetic philosophy'이라 칭하면서 진화를 우주의 모든 존재생물, 사회, 천체 등에 걸쳐 작동하는 유기적 법칙으로 이해했다. 예컨대 전술한 스펜서의 『제1원리』는 진화 사상을 통해 통일적 원리를 체계화하고자 한 종합철학적 저술이라 할 수 있는데, 이에 영향 받은 헌은 『불국토의 낙수』에 수록된 글 「열반」의 부제를 "종합적 불교Synthetic

Buddhism에 대한 연구"라고 달았듯이, 통일적 원리를 추구하면서 그의 저술 곳곳에서 스펜서를 많이 인용하고 있다. 가령 헌은 "내가 불교 철학에서 낭만적인 흥미 이상의 것을 발견한 것은 스펜서의 '종합철학'에 매료되었기 때문"[(고차적 불교)47]이라고 분명히 밝히고 있다. 이리하여 헌은 스펜서를 모방하면서 자신의 불교 철학으로 모든 현상을 해석하고자 시도했다. 그 과정에서 헌은 인간의 정신이 연기법에 의해 형성된다고 말하면서 '업'과 같은 새로운 '정신법칙'의 확립을 주창하기도 했다. 그것이야말로 스펜서의 종합철학에 의해 뒷받침되는 미래의 종교라고 묘사하고 있는 것이다.[48]

셋째, 스펜서는 과학에도 종교에도 다 진리가 있다고 주장했다. 즉 스펜서는 진화론을 신봉하면서도 눈에 보이지 않는 것, 과학 실험으로 확인할 수 없는 것 일체를 부정한 것은 아니다. 그는 종교와 과학을 동일한 진리, 동일한 현실의 양면 관계로 보았다. 헌 또한 스펜서와 마찬가지로 과학의 무한한 가능성을 믿으면서 종교심을 긍정했고, 우주의 원동력이라든가 기본적 진리에 대해서는 항상 불가지론적인 존재로 여겼다. 실제로 헌은 1894년 2월 16일 자로 체임벌린에게 보낸 편지에서 "나는 불가지론자이자 무신론자입니다"[49]라고 적고 있다. 한편 스펜서의 『제1원리』에는 '알 수 없는 존재the Unknown' 혹은 '미지의 실재the Unknown

Reality'라는 표현이 자주 나온다. 즉 스펜서에 의하면 과학이 보이는 것을 설명하듯이 종교는 보이지 않는 것을 표현한다. 그리하여 스펜서는 "양자의 결론을 종합해야만 한다. 과학과 종교는 동일한 진리의 양면이기 때문"이라고 주장했다.[50] 마찬가지로 헌에게 불교와 과학은 결코 상호 배타적인 것이 아니었다. 오히려 헌은 과학적 틀을 통해 불교를 적절히 해석할 수 있고, 동시에 불교적 틀로 진화론의 기본 사상이 보다 잘 이해될 수 있다고 믿었다.

몇몇 불교 사상은 오늘날 서양의 진화론 사상과 놀랄 만큼 유사한 측면을 보여준다. 심지어 서양 사상과 별 관계가 없어 보이는 듯한 불교 개념조차 근대과학으로부터 빌린 도식과 용어의 도움으로 매우 잘 설명될 수 있다. 이전에 논한 열반의 교의는 차치하고, 다음 몇 가지를 고차적 불교의 가장 두드러진 가르침이라고 생각해도 좋을 것이다. 첫째, 실재는 단 하나이다. 둘째, 의식은 참된 자아가 아니다. 셋째, 물질은 행acts, 행위과 상thoughts의 힘에 의해 만들어진 현상의 총화이다. 넷째, 일체의 객관적 혹은 주관적 존재는 업Karma에 의해 만들어진다. 현재는 과거가 만든 것이며, 현재와 과거의 행위가 결합하여 미래 상태를 결정한다. 환언하자면 물질세계와 유한한 정신세계는 그 진화 안에서 엄연한 도덕적 질서를 드러낸다.[고차적 불교)51]

라프카디오 헌과 불교

여기서 헌은 헤켈과 마찬가지로 철저한 일원론에 입각하여 열반, 무상, 오온설, 업, 연기, 윤회전생 등을 가장 핵심적인 불교 사상으로 이해하면서 그것들을 도덕적 질서를 드러내는 진화론 사상과 결부하고 있다. 이처럼 불교와 과학 사상진화론의 일치성을 강조하는 헌에 의하면, 모든 결합의 불안정성을 말하는 과학의 관점은 불교에서 말하는 제행무상諸行無常과 유사하다. 또한 유전의 윤리적 의미와 정신적 교훈 및 도덕적 의무는 업 및 윤회전생설과 유사하다. 나아가 모든 현상을 상호 관련된 것으로 보는 연기법은 우주 창조 이전부터 세계와 격절하여 존재하는 유대=기독교적인 전능한 창조주를 인정하지 않는데, 이 점에서도 불교와 과학 사상은 일치한다.[52] 열반을 진화론으로 설명하는 다음 구절은 이와 같은 불교와 과학 사상의 일치라는 관점을 상징적으로 잘 드러낸다.

헉슬리 교수에 의하면 진화 과정은 "박격포에서 발사된 탄환처럼 탄도선을 그린다. 그 탄도가 하강하는 절반이 상승하는 절반과 동일한 것처럼 진화의 일반 과정도 그러하다." 이 탄도선의 최고점이 스펜서가 말하는 평형 부분Equilibration이다. 그런데 불교의 진화에서는 이 최고점이 열반 속으로 사라지고 만다.(고차적 불교)[53]

헌은 스스로 불교 신자라고 말한 적은 없지만, 불교 철학의 열렬한 지지자로 하나의 사상 체계로서의 불교에 대해 최대의 경의를 표명하면서 과학과 종교의 일치를 주장한 스펜서 사상을 불교에 상세히 적용시켰다. 가령 헌은 「전생 관념」에서 업, 유전, 진화_{심리적 진화를 중심으로}에 대해 상세히 언급하고 있다. 거기서 헌은 불교와 과학의 일치점으로서 인간의 심리와 마음의 상태가 과거 마음의 경험에 의한 것임을 지적하고 있다. 이는 과학에도 불교에도 통하는 인과관계를 가리키는데, 불교에서 그 원동력은 업이고 과학의 경우는 유전이라는 것이다. 요컨대 헌은 "불교와 과학은 서로 다른 명칭으로 동일한 현상을 인정하고 있다"[전생 관념]54 고 말하면서 전술했듯이 스스로를 진화론자이며 스펜서의 제자라고 불렀다. 하지만 실제로 헌은 진화론을 불교 사상의 정당성을 주장하기 위한 방편으로 이용한 측면이 없지 않다. 가령 그는 진화론과 유전설을 업, 전생 관념, 조상숭배 등의 불교적 관념에 적용함으로써 이를 통해 불교가 기독교보다 더 합리적이고 과학에 가깝다는 점을 입증하고자 한 것이다. 어쨌거나 헌이 독자적인 불교관을 표명한 것만큼은 분명해 보인다. 그러니까 그가 묘사한 불교가 전통불교와 얼마만큼 일치하느냐 즉 그가 얼마나 불교를 정확하게 이해했느냐가 문제가 아니라, 그가 제시한 불교가 당대를 어떻게 반영하는지가 더 중요할 것이다. 이런 의미

라프카디오 헌과 불교

에서 헌은 당대 최대의 도전이었던 진화론과 불교를 탁월하게 융합시키는 데에 성공한 인물 중 하나였다고 말할 수 있겠다. 하지만 그렇다고 해서 헌의 불교 이해에 내포된 오류들을 덮고 넘어갈 수는 없는 일이다. 가령 교토 학파의 맹주 니시다 기타로西田幾多郎는 다나베 류지田部隆次의 평전『고이즈미 야쿠모』1914에 실린 서문에서 이렇게 적고 있다.

> 헌이 만상의 근저에서 본 정신의 움직임은 인격적인 역사를 지닌 영혼의 활동이다. 그는 이런 관점을 스펜서에게서 영향 받았다. 그런데 스펜서가 말하는 진화란 단지 물질의 진화를 말하는 것이므로, 유기체의 제 능력이 하나에서 여럿으로 진행하고 비통일적인 것에서 통일적인 것으로 나아가는 그런 것에 지나지 않는다. 문학자적 기질이 농후한 헌은 이것을 영적 진화의 의미로 바꾸어 불교의 윤회설과 결부시킴으로써 시적 색채를 띤 종교적 취향을 지니게 되었다. 생물진화론을 정신적 의의로 해석하여 낭만적 색채를 띠게 한 것은 니체의 경우도 그러했으며, 베르그송 또한 이런 종류의 사상가라고 볼 수 있다. 헌의 고찰은 후자에 가까운 것으로, 단순히 감상적이고 공상적인 것은 말할 나위 없다.[55]

이때 니시다는 스펜서의 진화 관념이 물질적 차원뿐 아니라 정신적 차원에까지 관련되어 있다는 점을 놓치고 있다. 하지만 헌의 불교 이해가 영적 진화론과 결부되면서 시적, 종교적, 낭만적, 감상적, 공상적인 경향을 띠게 되었다는 비판은 나름대로 귀기울일 만한 구석이 있다. 이런 비판과 더불어 헌이 유대=기독교적 사유방식이라든가 변증법적 인식론 등과 같은 서양적 발상의 틀 안에서 불교를 이해했다는 한계를 지적하지 않을 수 없다. 가령 헌은 다음과 같이 유대=기독교적 사유방식을 전제로 한 부활이라든가 혹은 대립적인 양극 사이의 변증법적 투쟁이라는 관점에서 업과 열반을 설명하기도 한다.

거기에는 부활이 있다. 그것은 서양 종교가 몽상한 부활보다도 더 불가사의한 부활이다. 사멸된 감정은 해와 달이 다시 떠오르듯이 확실하게 되살아날 것이다. 단, 우리가 오늘날 인정할 수 있는 한에서는 동일한 개성이 다시 원래대로 돌아가는 일은 없다. 재현은 반드시 전세의 존재들이 재결합된 것, 동류가 재편제된 것, 전세의 경험이 깃든 것을 만들어낼 것이다. 우주는 업이다.[티꿀]56

열반에 도달하기 위한 정진은 거짓과 진실 사이, 빛과 어둠 사이, 육욕과 그것을 초월하려는 노력 사이의 부단한 투쟁으로, 그 궁극적인 승리는 정신과 육체로 이루어진 개성의 완전한 해체에 의해서

만 얻어질 수 있다.^{[열반]57}

나아가 헌은 붓다에 대한 혼란스러운 이해를 보여주고 있다.
가령 헌은 "불교에서는 붓다, 신, 인간, 해와 달, 세계, 가시적인
우주 등 형태나 이름을 가진 모든 존재는 변전무상하고 일시적
인 현상이라고 말한다"고 하면서, 곧이어 "불교에서도 유일한 실
재로서의 '절대적인 것'을 말한다. 조건에 구애받지 않은 영원한
존재로서의 붓다가 그것이다"^{(고차적 불교)58}라고 하여 붓다를 무조건
적인 절대자로 규정한다. 과연 불교를 이런 절대론의 관점에서
말할 수 있을까 하는 의구심이 드는 것도 사실이다. 하지만 그런
의문은 차치하고라도, 아마도 전자의 붓다는 불교의 수많은 불
보살들을 가리키고 후자의 붓다는 '절대적인 깨달음을 얻은 자'
를 가리키는 것이겠지만, 불보살과 각자覺者의 차이를 모르는 서
구 독자들에게 이는 혼란을 초래할 기술임에 분명하다. 이 밖에
우리는 헌이 오온 가운데 행行과 상想만 언급함으로써 불완전한
이해에 머물렀다든가, 또는 과학은 영구불멸의 영혼을 인정하지
않는 데 반해 불교와 과학의 일치를 강조한 헌은 정작 영혼을 불
변적인 것으로 이해한 것이 아닌가 하는 문제점을 제기할 수도
있겠다.

4 　일본 불교에 대한 이해

1890년 4월 4일 요코하마에 상륙한 헌은 호텔에 짐만 맡겨둔 채 곧바로 인력거를 고용하여 저녁때까지 불교 사원들을 견문한다. 미국 시절부터 서구의 불교 연구서를 많이 독파하여 불교에 관해 상당한 지식과 흥미를 가지고 있었던 헌에게 일본 방문은 살아 있는 불교를 체험할 수 있는 절호의 기회였으리라. 이로 보건대 불교는 헌에게 일본 방문의 중요한 동기 중 하나였음에 분명해 보인다. 당시 신도에 대한 지식이 거의 없었던 헌은 일본을 신국이 아니라 무엇보다 먼저 '불국佛國'으로 인지하고 있었을 것이다. 후에 『불국토의 낙수』1897라는 제목의 저술을 펴냈을 때, 거기서 헌은 일본을 불국토Buddha-field로 표현하면서 그것을 "붓다가 살아서 존재하는 장소"라는 의미로 사용하고 있다. 한편 이때 요

라프카디오 헌과 불교

코하마에서 방문했던 한 불교 사원에서 헌은 운 좋게도 영어에 능숙한 마나베 아키라真鍋晃라는 일본 청년을 만난다. 향후 헌의 통역자이자 안내자로서 헌 일본 담론의 토대 형성에 중요한 역할을 했던 그는 이 첫 만남에서 헌에게 기독교인인지 아니면 불교도인지 또는 영국과 미국에 불교도들이 있는지를 물었다. 이에 헌은 자신이 기독교 신자도 불교 신자도 아니며, 서구에는 불교 철학에 관심을 가진 이들이 많다고 대답한다.[59]

1890년 4월 하순, 헌은 아키라의 안내로 가마쿠라와 에노시마의 엔카쿠지圓覺寺, 겐쵸지建長寺, 엔노지圓應寺, 가마쿠라 대불, 하세데라長谷寺, 벤텐궁弁天宮[60] 등을 거쳐 귀로에 현 후지사와藤沢 시 소재의 귀자모신당鬼子母神堂[61]과 경신당庚申堂[62]도 방문했다. 이후 헌은 교토를 비롯하여 그가 방문한 모든 여행지의 크고 작은 불교 사원들을 돌아보았으며, 시코쿠西國 33개소 관음영장[63], 시코쿠헨로四國遍路 88개소 영장, 니치렌슈의 1,000개 사원을 순례하는 센가지마이리千個寺参り와 같은 대표적 불교 순례 코스를 알게 되는 등 일본 불교에 관해 적지 않은 지식을 습득하게 된다. 그러면서 헌은 불교가 일본 사회와 역사에 끼친 영향에 주목하면서 다음과 같이 신도와 불교를 대비시킨다.

물론 일본 문명에 끼친 불교의 영향력이 실로 심대했으며 다각적이었다는 점은 이루 다 헤아릴 수 없다. 문제는 어째서 신도의 숨통을 영구히 막아버릴 수 없었던가 하는 점이다. 여러 저작자들이 경솔하게 서술하듯이, 불교는 서민 종교이고 신도는 국교가 되었다고 단정짓는 것은 완전히 망설이다. 사실 불교도 신도와 마찬가지로 국교가 된 적이 있으며, 빈민층 생활에 영향을 끼친 것과 마찬가지로 최상층의 생활에도 영향을 끼쳤다. 가령 불교는 천황을 승려로 만들었고 황녀를 비구니로도 만들었다. 또한 통치자의 행동, 율령의 성격, 나아가 그 법령의 실시도 결정했다. 승려는 일본사를 통해 정신적 지도자이자 동시에 공적인 관리였다.^{(불교의 전래)64}

여기서 헌이 지적하듯이 불교는 일본사에서 천황가를 비롯한 통치 계급과 밀접한 관계가 있었고 근세에는 하나의 국교적 지위를 획득하고 있었다. 근세 일본에서 승려는 단카檀家 제도라든가 슈몬아라타메宗門改め 제도 등을 통해 일종의 공무원 역할을 수행하는 존재였던 것도 사실이다. 이 점에서 일본 불교를 보는 헌의 시각은 날카로운 촉수를 내포하고 있다. 일본 문명에 끼친 불교의 영향력이 엄청났다는 사실을 잘 이해했던 헌은 한편으로 「일본 문명의 천재성」에서 불교의 가르침이 일본인에게 깨달음과 위로를 주었고 무엇이든 인종忍從하는 정신을 강고하게 했다고 지적한다. 그러면서 다른 한편으로 특히 예술 및 도덕과 관련

하여 일본에서 불교의 의의를 서술하고 있다. 가령 헌은 "일본의 건축, 회화, 조각, 조판, 판화, 정원 등 요컨대 삶을 아름답게 만드는 데 기여한 모든 예술과 산업은 애당초 불교적 가르침에서 비롯되었다"(불교의 전래)65든가, "현대 일본의 조상숭배에서 나타나는 매혹적인 시적 정취는 그 근원을 찾아 올라가보면 모두 불교 포교자의 가르침에 있다고 할 수 있다"(불교의 전래)66고 하면서 "신도에는 예술이라는 형태가 없었다. 일본인에게 예술적 상상력을 일깨워준 것은 불교"(불교의 전래)67라고 단언한다.

이와 관련하여 마쓰에 시대의 헌은 불교의 영향이 예술의 모든 분야에 걸쳐 있지만 "일본의 지적 토양에 깊이 뿌리내린 적은 한 번도 없었다"(가정의 제단)68고 보았다. 그러나 만년의 헌은 "불교가 일본 국민에게 전한 가장 위대한 가치는 아마도 교육 면에 있을 것"(불교의 전래)69이라고 말하면서, 불교는 귀족적인 신도와는 달리 서민 모두에게 교육종교 교육, 예술, 한문 교육 등의 은택을 부여했고 그 결과 사원은 학교테라코아가 되었으며 승려는 도처에서 일반 서민의 학교 교사로서 역할을 담당함으로써 불교가 끼친 지적 영향력이 결코 작지 않았음을 시사한다. 나아가 헌은 "일본인의 성격 중에 가장 매혹적인 것으로서 전승되어온 대부분의 것, 가령 사람을 대할 때의 온화한 기품은 불교의 예의범절 교육에서 나온 것이 아닐까 생각한다"(불교의 전래)70고 말하면서 일본인의 도덕과 예절이

라프카디오 헌의 일본론

불교 및 불교의 영향을 받은 예술을 매개로 형성된 것이라고 주장한다.

도덕적 능력 면에서 불교는 오래된 신도가 만들어낸 것보다 훨씬 더 커다란 희망과 공포심을 부여하여 권력을 강화하고 복종의 정신을 함양했다. …… 일본에서 예술이라는 이름하에 분류될 수 있는 것은 모두 불교에 의해 유입 또는 발달되었다. 진정한 문학적 특질을 구비한 모든 일본 문학에 대해서도 마찬가지다. 일본인의 생활에서 세련되고 우아한 것은 불교의 도입과 관련이 있다. 이 나라에서 만들어진 흥미롭거나 아름다운 것 중에 불교에서 영향 받지 않은 것은 거의 없을 것이다. _[불교의 전래]**71**

하지만 일본 불교 중에서 헌을 사로잡은 가장 큰 매력은 지장상을 비롯한 불상의 미소였다. 헌은 마쓰에 시대부터 이미 일본 서민들의 불교 신앙을 대표하는 지장地藏에 유별난 관심을 표명했다. 지장은 원래 석가모니불의 열반 후 세상에 내려올 때까지의 말법 시대에 육도중생六道衆生을 교화하겠다는 큰 서원誓願을 세움으로써 특히 지옥에 떨어진 중생을 구제하는 보살로 널리 알려져 있지만, 일본 민간신앙에서는 어린아이를 악귀로부터 지켜주거나 안산[72]과 양육을 주관하는 수호신 혹은 순례자들을 인도

하는 길의 수호신으로 변형되어 특히 임산부들과 아이를 키우는 어머니들에게 가장 친근한 존재로 신앙되고 있다. 그래서 일본에서는 지금도 어디를 가든 비단 사원 경내와 묘지뿐 아니라 산길이나 동네 골목마다 동자 모습을 한 지장상을 쉽게 만날 수 있다. 어느 절의 묘지에서 지장상을 처음 보고 그 고풍스럽고 애수에 찬 신비로운 미소와 주변에 쌓인 돌탑들에서 깊은 인상을 받았던 헌은 「지장」과 「신국의 수도」에서 다음과 같이 상세하게 지장과 관련된 민간신앙을 묘사하고 있다.

아이는 죽으면 모두 '사이노가와라賽の河原'라는 곳에 가게 되는데, 거기서 아이의 망령들은 죄업을 멸하기 위해 작은 돌탑을 쌓아야만 한다. 그런데 아이가 돌탑을 쌓자마자 악귀鬼가 와서 그것을 무너뜨리면서 아이를 위협하거나 괴롭힌다. 하지만 작은 영혼이 지장에게 도망치면 지장이 아이를 커다란 소매 속에 감싸 위로해주며 악귀를 쫓아낸다. 그리하여 누구든 지장보살의 발밑에 마음을 모아 정성껏 돌탑을 쌓으면 그 돌 하나하나가 사이노가와라에서 고통 받는 아이들의 영혼을 도와준다고 믿는다.[지장]73

아이가 죽으면 엄마는 지장이 새겨진 조그만 판목을 사서 종이 100장에 그 지장 모습을 찍는다. 그런 다음 대개 매장 후 49일째 되는 날 엄마는 어딘가 물이 흐르는 곳에 가 그 종이를 한 장씩 흘려보내면서 종이가 손을 떠날 때마다 '나무지장대보살'이라는 염불을 되풀이한다. 이 의식은 원래 물에 빠져죽은 사람의 영혼을 위로하기 위해 시작된 것이다. 하지만 지금은 지상의 물이 모두 명계로 흘러들어 지장이 계시는 사이노가와라로 흘러간다는 믿음에 입각하여 이런 의식이 이루어지고 있다. ^{(신국의 수도)74}

그러니까 지장상 주변에 돌탑을 쌓는 것은 주로 자식을 잃은 엄마들이라는 것이다. 일본 민간신앙에서 '사이노가와라'는 통상 지상 세계의 지면 밑에 있다고 여겨지는데, 헌은 아키라의 안내로 린코지臨光寺라는 절을 방문했을 때 거기서 사이노가와라가 묘사된 지장화를 보게 된다. 그 그림에서는 푸르스름한 강변에 어린아이들의 망령이 무리지어 쉴 새 없이 돌을 쌓고 있다. 어린 망자들은 모두 현실의 일본 아이들처럼 너무나 귀엽다. 그런데 바로 앞에는 무시무시한 악귀가 철봉을 가지고 달려들어 아이가 쌓은 돌탑을 내리쳐 부순다. 아이는 그 잔해 옆에 주저앉아 귀여운 손을 눈에 댄 채 울고 있는데, 악귀는 이를 보며 웃고 있다. 그런데 거기에 빛과 우아함으로 가득 찬 큰 보름달 같은 후광을 가진 지장이 다가온다. 지장이 지팡이를 내밀자 작은 망령들이 손을 뻗어 거기에 매달려 지장의 가호 속으로 이끌려 들어간다.^{[지}

^{장)75} 이런 슬프도록 아름다운 민간신앙을 접한 헌이 받은 감동을 상상하기란 그리 어렵지 않을 것이다. 아마도 이런 지장상 앞에서 헌은 먼저 서구인들에게 친숙한 피에타상을 떠올렸을 것이다. 하지만 헌은 그 어떤 예수상도 지장상만큼 아름답지는 않을 것이라고 말하면서 지장의 미소 안에서 신성한 아이의 미소를 보았다.

너무도 매력적이라 앞을 스쳐 지나기가 마음 아플 만큼의 예술 작품이 있었다. 죽은 아이들의 놀이 상대인 지장보살을 눈부시도록 흰 돌에 새긴 꿈과 같은 그 불상은 분명 어떤 그리스도상보다도 훨씬 달콤하고 아름다웠다. 마치 아름다운 소년 같다. 우아하고 아름다운 눈꺼풀을 반쯤 감은 채 웃는 미소, 무한한 사랑의 깊이와 숭고한 자비를 머금은 미소, 그것은 참으로 신성한 얼굴이다. 실제로 이런 지장의 이상이 사람들의 마음을 강렬하게 사로잡았다. 때문에 일본에서는 아름다운 얼굴을 표현할 때 지장의 얼굴에 빗대어 일반적으로 '지장 같은 얼굴'이라고 말한다.^{(지장)76}

교토에서 아주 작은 절 문 앞에 있는 지장상을 보았을 때 헌은 그 미소에서 무언가 신성한 현실감을 느꼈다고 적고 있다. 헌이 그 지장상을 하염없이 바라보고 있노라니 열 살쯤 되어 보이는 소년이 그의 옆에 다가와 지장상 앞에 작은 손을 합장하고는 머리를 숙여 잠시 조용히 참배했다. 그때 현은 소년의 미소와 지장상의 미소가 너무도 닮은 나머지 둘이 마치 쌍둥이 형제 같다고 느꼈다. 이리하여 일본의 모든 불상 중에서도 가장 일본적인 지장상에서 현은 일본 아이들의 미소를 읽어냄과 동시에 일찍이 본오도리를 추는 사람들의 얼굴에서 보았던 미소를 떠올린다. "폐허의 사원 뜰에서 만난 깨진 지상보살의 모습은 언제까지나 본오도리를 춤추는 사람들의 얼굴에서 보았던 신비한 미소를 띠고 있다."[(본오도리)77] 이후 현은 이런 지장의 미소를 비롯하여 더 나아가 가마쿠라 대불, 호류지法隆寺의 금당 약사여래불과 석가삼존불 및 주구지中宮寺의 반가사유상 등 일본 불상의 미소를 다음과 같이 '일본인의 미소'로 규정하면서 거기서 일본인의 도덕적 이상을 엿본다.

금동불상과 석불에서 엿볼 수 있는 미소는 단순한 모사가 아니다. 그것을 만든 불사가 나타내고자 한 것은 일본인의 미소가 내포하는 의미였음에 틀림없다. …… 불교미술의 기원이 외국에 있다 하더라도, 일본인의 미소와 보살의 미소는 동일한 의미를 가진다. 거기에는 자제와 자기 억압에서 생겨나는 행복이 담겨 있다.[(미소)78]

일본인의 모든 도덕적 이상주의는 저 가마쿠라 대불상에 잘 구현되어 있다고 생각한다. '심연처럼 고요한' 그 얼굴 표정은 아마도 인간이 빚은 어떤 다른 작품에서도 찾아볼 수 없는 진리 즉 '마음의 평정만큼 최상의 행복은 없다'는 영원한 진리를 나타내고 있다. 동양인이 동경한 대상은 바로 이런 영원한 정적infinite calm에 다름 아니다. 그리고 그 지고의 극기supreme self-conquest를 그 이상으로 삼아온 것이다. ^{(미소)79}

이 가마쿠라 대불상에 관해 헌은 이미 『미지의 일본 견문기』에서 "꿈꾸는 듯한 초연함passionlessness과 아름다움과 매혹으로 가득 찬 장엄하고 아름다운 얼굴, 그리고 어린아이처럼 부드럽게 반쯤 감긴 눈매로 동양적 영혼 안에 있는 부드러움과 고요함을 전형적으로 보여주는 것"이라고 묘사한 바 있다. 그러면서 헌은 대불의 이와 같은 아름다움과 고상한 위엄과 완벽한 평정성은 "오직 일본인의 사상만이 창조할 수 있는 것" 또는 "그것을 낳은 일본 민족의 고차적인 삶을 반영한 것"^{(에노시마 편력)80}이라는 극찬을 아끼지 않는다. 하지만 그것이 정말 일본인만의 유산일까? 헌은 나라奈良를 방문했지만 무슨 연유에서인지 도다이지東大寺에 대한 언급이 없다. 어쩌면 그 도다이지 대불의 생경하고 살벌한 무사도적 표정이 마음에 들지 않기 때문일지도 모르겠다. 반면에 헌이 만일 불국사 석굴암 대불이라든가 교토 고류지光隆寺 목조 반가사유상 및 주구지 반가사유상의 원형인 한국의 국보 83호 금동 반가사유상의 은근한 미소나 혹은 제주도 돌하루방의 다채로운 표정을 보았다면 틀림없이 가마쿠라 대불이나 지장에 대해 했던 것과 똑같은 말을 했을 것이다. 그런데 헌이 일본 불상에 대해 항상 이런 식의 오리엔탈리즘적인 찬탄만 늘어놓은 것은 아니다.

내가 자주 들르는 묘지에 새겨 있는 문자는 오래된 산스크리트어를 음역한 문자인데, 그 바로 옆에는 연화대 위에 앉은 불상이 하나 서 있다. 가토 기요마사加藤淸正 시대부터 여기에 줄곧 이렇게 앉은 채 꼼짝 않고 명상에 빠져 있는 듯한 이 불상의 시선은 발밑의 저 학교와 그곳의 떠들썩한 생활을 반쯤 뜬 눈꺼풀 사이로 조용히 내려다보고 있다. 누군가에게 상해를 입었으면서도 조금도 원망하거나 불평하지 않는 사람처럼 그윽한 미소를 띠고 있다. 하지만 이 미소는 원래 불상을 만든 장인이 새긴 표정이 아니다. 오랜 세월 동안 풍진 속에 형태가 흐트러져 생긴 표정이다. 잘 보면 이 불상은 지금은 두 팔도 없어졌다. 나는 어쩐지 안 된 마음이 들어 불상의 이마에 있는 작은 돌기물 주위의 이끼를 손톱으로 뜯어내줘야겠다고 생각하여 손으로 그것을 긁어냈다. 오래된 『법화경』 구절[81]을 떠올리면서.[(석불)82]

라프카디오 헌과 불교

이는 헌이 구마모토 시절 제5고등중학교 교사로 근무하면서 그 학교 뒤편에 있던 오미네보치小峰墓地라는 묘지공원의 '코 없는 지장鼻かけ地藏'을 묘사한 장면이다. 대승경전 가운데 인생의 진리를 종교적 직관으로 묘사한 서사시적 백미인『법화경』을 잘 알고 있었던 헌은 여기서 고통과 갈등으로 가득 찬 현실 세계를 붓다의 광명이 널리 비추는 법화경적인 장엄한 세계와 대비시키면서 모든 풍상을 견뎌내온 석불의 명상에 젖은 미소를 부각하고 있다. 그것은 장인이 새긴 표정이 아니라는 점에서 가마쿠라 대불이나 지장상과는 근본적으로 다른 어떤 정신과 관련된 미소이다. 무상無常이 그것이다.

심지어 불교의 영향 아래 발전해온 일본 예술 안에도 무상 impermanency의 교의가 그 흔적을 드리우고 있다. 불교는 천지자연과 삼라만상이란 곧 꿈이고 환영이며 미혹이라고 가르침과 동시에 그 꿈이 사라져버리는 모습을 파악하고 그것을 가장 높은 진리로 구현하여 해명할 것을 가르쳤다. …… 모든 합성물은 예외 없이 필멸하며 안주安住가 없으므로 무가치한 것으로 보아야 마땅하다. 그것은 무상한 것이다. ^{『일본 문명의 천재성』}83

무상은 헌의 일본 불교 담론 가운데 간과해서는 안 될 중요성

구마모토 오미네 묘지의 석불

제5고등중학교 뒤편에 위치한 오미네 묘지는 헌의 작품 「석불」(1894년 집필, 『동국에서』에 수록)의 실제 무대이다. 그는 수업 사이의 비는 시간에 종종 이 코 없는 석불을 찾아 철학적 사색에 젖어들었다.

을 가진다. 일본 정신사를 되돌아보건대 먼저 시야에 들어오는 것이 죽음의 미학이다. 일본 문학사를 보더라도 우리는 거기서 무상이 큰 자리를 차지한다는 점에 놀라게 된다. 이는 명백히 불교의 영향이다. 불교에 대한 이해 없이는 일본 문학뿐 아니라 일본 사상사를 이해할 수 없다. 그런 만큼 일본인의 마음을 탐구한 헌의 작품에 무상에 대한 언급이 많은 것은 당연해 보인다. 외국인 일본 연구자로 헌 만큼 일본인의 무상감에 대해 잘 이해했던 인물은 드물 것이다. 구마모토 석불의 미소에 관한 위의 글은 무상에 대한 헌의 자기고백에 다름 아니다.

엄밀히 말해 지장의 미소에서 일본인의 미소를 읽어내고 불상의 미소에서 일본적 무상을 상기해낸 것을 차치한다면, 일본 불교에 대한 헌의 이해는 『일본』에서 시도한 일본 불교사 기술 등에서 볼 때 크고 작은 한계에 봉착해 있다. 가령 헌에 의하면 "불교는 552년 처음으로 조선에서 일본으로 전해졌다. 그러나 포교의 성과는 실로 미미했다. 불교가 실제로 일본 국내에 보급되기 시작한 것은 9세기 이후부터였다"[불교의 전래]84고 하는데, 이는 반드시 사실이 아니다. 헌이 7세기 말에서 8세기 중엽에 걸쳐 이미 일본 민중들 사이에 폭넓게 불교를 전파한 교키行基, 668~749 등의 민중 포교자에 대해 알고 있었다면 이렇게 말하지는 않았을 것이다. 또한 헌은 이에 앞서 불교 중흥의 기반을 구축함으로써 일본 불교의 아버지라 불리는 쇼토쿠태자聖德太子, 572~621에 대해서도 거의 언급이 없으며, 헤이안 불교의 두 거봉 가운데 구카이空海, 774~835의 한 저술에 대해 「사자의 문학」에서 다루었을 뿐이고 사이초最澄, 767~822에 관해서는 아예 언급조차 한 적이 없다. 일본 선불교의 원조인 에이사이榮西, 1141~1215와 도겐道元, 1200~1253에 대해서도 전혀 관심이 없다.

무엇보다 일본 불교사는 1,000년 넘게 불교와 신도가 하나로 뒤섞인 신불습합神佛習合의 역사였는데 이 점에 대한 헌의 인식은 그리 높아 보이지 않는다. 이 신불습합과 더불어 일본 불교의 대표적인 특성이라 할 수 있는 계율 파괴와 욕망의 긍정이라든가 교조 중심주의 혹은 근세 일본에 정착된 장례불교 등에 관해서도 헌은 거의 관심이 없거나 무지하다는 느낌을 받는다. 나아가 헌이 이해한 열반의 교의는 서구인의 사유로서는 탁월한 불교론임에 틀림없지만, 일본 민중들의 불교 신앙과는 다소 거리가 먼 추상적인 논의에 그치고 있다. 일본 신도라든가 민속에 관해서는 대단히 민중적인 시점을 지녔던 헌이었으나, 일본 불교와 관련하여 니치렌日蓮, 1222~1282의 일련종日蓮宗 및 특히 승려의 결혼 관습을 기초 지은 신란親鸞, 1173~1262의 정토진종淨土眞宗으로 대표되는 민중들의 형이하학적인 불교적 감각에는 가까이 접근하지 못했다. 물론 이런 한계를 모를 리 없었던 헌은 "일본 불교의 복잡다양성은 이루 다 헤아릴 수 없다. …… 나는 다른 나라의 불교와 구별되는 일본 불교의 특성 및 각 종파의 차이에 대해 언급할 생각은 없다"[고차적 불교]85 고 말하면서 분명한 경계선을 긋는다. 하지만 일본 불교의 중요한 특성과 각 종파의 차이를 간과한 채 다음과 같이 일반론으로 건너뛰거나 애매한 기술에 머무를 때 그것이 과연 얼마나 설득력을 가질지는 회의적이다.

일본 불교학자들은 우주의 도덕질서, 일체의 미래에 대한 현재의 윤리적 책임, 모든 행行과 상想이 예측하기 어려운 결과를 생성한다는 것, 악의 궁극적 소멸, 영원한 기억과 무한한 비전vision의 상태에 도달할 수 있는 능력을 믿고 있다. 이들을 무신론자 혹은 유물론자라고 말할 수는 없을 것이다. 일본인의 종교와 서양인의 종교는 너무도 다르다. 하지만 양자가 도달하는 도덕적 결론은 매우 동일하다.[고차적 불교]86

불교에서는 영원불멸의 자아란 없다고 말한다. 즉 일체의 삶 속에는 하나의 영원한 원리로서 지고의 붓다가 있을 뿐이다. 근대 일본인들은 이 절대자를 '마음의 진수Essence of Mind'라고 부른다. 그중 어떤 이는 이렇게 기술한다. "장작불은 장작이 다 타고 나면 꺼진다. 그러나 불의 본질은 결코 멸각되지 않는다. 우주의 모든 존재는 마

음인 것이다."(고차적 불교)87

요컨대 헌은 일본 불교의 가장 중요한 특성들을 통합적으로 파악하지 못한 채 주로 불교 일반의 형이상학적 혹은 미학적 관점에서 일본 불교를 바라본 측면이 없지 않다. 예컨대 헌은 "불교의 가르침 중에 매혹적인 또 하나의 특색은 자연에 대해 단순하고 소박하면서도 기묘하게 설명한다는 것이다. 신도가 설명하고자 하지 않았으며 또 설명할 수도 없었던 많은 문제들에 대해 불교는 시종일관 질서 정연하고 명확하게 설명한다. 가령 깨달음, 윤회전생, 업의 가르침이 그것이다"(불교의 전래)88라고 적고 있는데, 이런 지적은 그가 주로 불교 형이상학 일반의 관점에서 일본 불교의 특성을 이해한 측면을 잘 보여준다. 이는 애당초 불교 철학에 관심이 있었던 문학자 헌 개인의 지향성과 일본 불교 관련 문헌을 직접 읽을 수 없었던 언어적 한계 때문일 것이다. 그 결과 헌의 일본 불교 이해는 불완전하고 미흡한 것이 되고 말았다. 그럼에도 불교가 일본 사회에 끼친 영향이라든가 특히 불상의 미소에 대한 헌의 통찰력은 놀라울 만큼 날카롭고 깊이가 있음을 인정하지 않을 수 없다. 그렇다면 신도에 관한 헌의 이해는 어떠했을까?

라프카디오 헌과 불교

라프카디오 헌과
신도

1 헌의 신도 이해

헌이 처음 일본 땅을 밟았을 때 불교 형이상학에 관해서는 상당히 해박했으나, 신도神道에 대한 지식은 거의 없었고 다만 호기심 차원의 가벼운 것에 불과했다. 신도에 대한 헌의 관심이 본격화된 것은 1890년 9월 마쓰에 소재 심상중학교의 영어교사로 부임한 이후부터였다. 당시 마쓰에는 일본의 오래된 신앙 형태와 신도적 관습이 많이 남아 있던 곳이었는데, 그 고풍스러운 분위기에 흠뻑 취한 헌의 예민하고 풍부한 감성이 이윽고 신도로 쏠리게 된 것이다. 가령 마쓰에 오하시가와大橋川 선착장 주변에서 헌은 서민들이 아침에 해 뜨는 방향을 향해 네 번 박수치고 아마테라스를 예배한 다음, 이즈모 대사 또는 약사여래 사찰을 향해 절하면서 모두가 정화의례의 신도적 주문으로 "하라이타마에, 기

라프카디오 헌과 신도

요메타마에, 가미이미타마에"라고 외치는 장면을 목도한다. 그러면서 헌은 이들의 기도 대상이 불교 도래 이전의 신들, 즉 태곳적 혼돈의 신, 바다의 신, 진흙의 신 우히지니와 모래의 여신 스히지니, 천황가의 조상신들과 같은 신도의 팔백만 신들임을 알고 깊은 인상을 받게 된다.^{(신국의 수도)1} 마쓰에 체재는 1891년 11월 15일까지인데, 그 사이에 헌은 이즈모 대사를 비롯하여 스에쓰구 須衛都久 신사, 시로가타텐만궁白潟天滿宮, 사타佐太 신사, 다케우치武內 신사, 로쿠쇼六所 신사, 마나이眞名井 신사, 가모스神魂 신사, 야에가키八重垣 신사, 센게 저택 내 하치만 궁八幡宮, 히노미사키日御崎 신사, 미호美保 신사 등 근방의 유서 깊은 신사들을 두루 체험했다.

1) 이즈모 대사와의 만남

헌이 '신들의 나라의 수도'라고 칭한 마쓰에에서의 이와 같은 신도 체험은 향후 헌의 신도 이해 및 일본 이해에 다대한 영향을 끼쳤다. 이 가운데 특히 『고사기古事記』의 국토이양 신화에서 유래한 이즈모 대사出雲大社와의 만남은 헌의 신도관에 매우 중요한 계기를 부여해준 결정적인 사건이었다. 이 국토이양 신화에 의하면, 오쿠니누시大國主神라는 신이 젊을 때 형들에 의해 박해를 받고 두 차례나 죽임을 당했지만 다시 부활하여 스사노오가 지배하는 네노쿠니根の國, 하계로 피신한다. 그러나 거기서도 많은 시련을 겪다가 우여곡절 끝에 스사노오의 딸 스세리비메와 함께 이즈모 지방으로 도주하여 나라를 창건한다. 그런데 일본 천황가의 황조신으로 말해지는 다카마노하라高天原, 천상계의 지배자 아마테라스天照大神가 이 나라를 탐내어 수차례 사자를 파견하여 국토를 헌상하라고 압박을 가한 끝에 마침내 오쿠니누시를 설득하는 데 성공한다. 그리하여 오쿠니누시는 아마테라스의 손자이자 초대 진무神武 천황의 신화적 조상인 니니기邇邇藝命에게 국토를 이양하고 스스로 유명계로 숨어버린다. 이때 오쿠니누시는 다음과 같은 한 가지 조건을 내세웠다.

> 이 나라는 천손의 명령대로 모두 바치겠습니다. 그런데 다만 내가 거주할 곳만은 천손이 천황의 지위를 계속 이어가는 훌륭한 궁전처럼 땅 속의 반석에다 두텁고 큰 기둥을 세우고 다카마노하라를 향해 치기千木를 높이 세운 신전을 만들어준다면, 나는 멀고 먼 구석진 곳에 숨어 있겠습니다.[2]

즉 웅장한 신사를 세워 자신을 제사 지내게 해달라는 것이었다. 이런 조건을 수용한 아마테라스는 거대한 신사를 건립하여 아들 아메노호히天穗日命로 하여금 제사장을 맡아 봉사하도록 했다는 것이다. 이 신사가 바로 현재 시마네 현 다이샤大社 정에 위

라프카디오 현과 신도

치한 이즈모 대사이다. 대대로 이 이즈모 대사의 제사를 관장해 온 가문을 이즈모 국조出雲國造라 한다. 황실과 가깝고 특별한 대우를 받는 격조 높은 가문인 이즈모 국조는 고대에는 이즈모 지방을 다스리는 지방장관으로 기능했으며, 남북조 시대에 센게千家와 기타시마北島의 두 가문으로 갈라져 오늘에 이르고 있다. 현재 이즈모 대사의 양 옆에는 이 두 가문의 종가가 위치해 있으며, 이즈모 대사의 제사는 이 중 센게 가문에서 담당하고 있다. 이즈모 대사는 다양한 건축물로 구성되어 있으며, 특히 주신 오쿠니누시를 모신 이즈모 대사의 본전本殿은 이세신궁의 신메이즈쿠리神明造り와 더불어 일본 신사의 건축양식 중에서 가장 오래된 형식인 다이샤즈쿠리大社造り 양식을 보여주고 있는 것으로도 유명하다. 오늘날에도 연간 약 200만이 넘는 참배객으로 성황을 이루는 이 이즈모 대사를 구미 세계에 처음으로 널리 소개한 이가 바로 라프카디오 헌이었다.

1890년 9월 14일 아키라의 안내로 외국인으로서는 최초로 이즈모 대사 본전 참배를 허락받은 헌은 당시 이즈모 지방에서 살아 있는 신[生神]으로 숭배받았던 제81대 국조 센게 다카노리千家尊紀 궁사宮司를 면회하는 한편, 단단한 목재로 만들어진 공이와 절구로 불을 지피는 도구인 히키리火鑽[3] 등의 보물을 견학하고 센게 저택까지 방문할 수 있었다. 이날 충격적으로 깊은 인상을 받은

이즈모 대사

헌의 작품 「기즈키」의 실제 무대로 '이세신궁'과 더불어 일본 신도를 대표하는
신사이다. 외국인으로서는 최초로 1890년 이 유서 깊은 신사의 본전을 견학한
헌은 이후 일본 신도에 대해 매우 호의적인 시선으로 기술하게 된다.

헌은 이즈모 대사가 위치한 이즈모 지방을 '신국神國'으로 지칭하기에 이른다.

이 '신국' 표상에 관해서는 뒤에서 다시 논하기로 하고, 여기서는 이즈모 대사와 헌의 만남이 가지는 의미에 대해 좀 더 생각해보기로 하자. 헌은 이즈모 대사 참배를 마치고 마쓰에로 돌아가는 인력거에서 일본에서 가장 오래된 신사의 본전 참배, 신성한 마쓰리의 도구와 의식, 궁사의 장엄한 얼굴, 무녀춤, 참배자들의 폭포 같은 박수 소리 등을 상기하면서 자신이 무언가 굉장한 것을 목도했다고 느낀 듯싶다. 즉 이때 일본 신도의 본질을 보았다고 여긴 헌은 "이즈모 대사를 본 것은 단지 하나의 놀랄 만한 신사 이상의 어떤 것을 본 것이다. 이즈모 대사를 본다는 것은 살아 있는 신도의 중심을 본다는 것, 고대 신앙의 살아 있는 맥동을 느낀다는 것이다"(기즈키)[4]라고 감격한다.

그리하여 헌은 문헌을 통해서만 신도를 이해하려 한 서양의 종래 신도 연구자들과는 달리, 일본 국민의 신도적 종교생활을 통해 본 신도에 관한 저작을 쓰고자 결심한다. "서양의 뛰어난 학자들조차 신도가 무엇이냐 하는 것을 아직 설명하지 못하고 있다. 이는 그 원천을 『고사기』나 『일본서기』 등의 역사서라든가 노리토 같은 기도문 혹은 모토오리 노리나가라든가 히라타 아쓰타네 같은 주석가의 서적에서만 찾으려 한 데에 그 원인이 있

라프카디오 헌의 일본론

다.” 하지만 “신도의 정수는 문헌이나 의례 또는 계율에 있는 것이 아니라, 국민의 심정 안에 살아 있는 것”이며, 그래서 “나는 예전에 ‘신들의 길’이라 불렸고 오늘날에는 신도라 칭해지는 저 신앙의 살아 있는 위대한 힘에 관해 앞으로 언젠가 기술할 수 있으리라는 확고한 생각이 들었다”[기즈키][5]고 술회한다. 이렇게 해서 나온 책이 그의 마지막 저술인 『일본』[1904]이었다.

요컨대 헌에게 이즈모 대사 방문은 그의 일본 담론에서 하나의 ‘원체험’이라 할 수 있다. 그것은 “라프카디오의 일본 체험의 핵심이며 그의 일본관 형성에 얼마나 중요한 요소였는가는 이후의 저술 활동이 신도를 중심으로 한 종교적인 고찰에 집중되어 있는 것만 보아도 알 수 있다.”[6]

2) 신도적 감수성

그렇다면 헌의 신도 이해와 관련하여 이와 같은 ‘원체험’의 구체적인 내용은 무엇일까? 문헌이나 교의 혹은 의례와 같은 가시적 요소보다 ‘국민의 심정’과 같은 비가시적 요소를 더 중시한 헌에게 그런 ‘원체험’은 무엇보다 먼저 자연에 대한 신도적 감수성에의 직관으로 각인되었다. 처음 이즈모 대사를 참배하러 가던 도중 신지호宍道湖를 건너는 선상에서 헌은 주변 경치에 대한 감회를 다음과 같이 적고 있다. “이 대기에는 무언가 신적이고 마술적인 것, …… 신도의 감각이 느껴진다. 내 마음이 『고사기』 신화에 대한 상상과 환상으로 가득 찬 탓인지 리드미컬한 배 엔진 소리조차 신도 의례에서 신들의 이름을 부르는 기도문처럼 들린다. 고토·시로·누시·노·가미,[7] 오·쿠니·누시·노·가미."[(기즈키)8]

당시 아직 서구화의 물결에 휩쓸리지 않았던 마쓰에에는 서민들의 심정 안에 있는 신도적 감수성이 풍부하게 남아 있는 곳이었다. 헌은 마쓰에에 와서 처음으로 목격한 아침 옥외의 기도 풍경 즉 태양이라는 자연물에서 신적인 것을 느끼고 예배하는 서민들의 모습을 보고 깊은 인상을 받았다. 헌의 장인도 그들 중의 하나였다. 거기서 헌의 직관은 신도가 가지는 다른 특징도 포착하고 있다. 즉 헌이 보기에 태양을 예배하는 민중들의 기도는 자신의 욕망 실현을 위해 신에게 기원하는 것이 아니라, 단지 신에게 감사하는 것일 뿐이며 그런 감사의 행위 자체가 기도라는 것이다. 나아가 헌은 신사에서도 자연과 일체가 된 그런 불가사의한 신적 감각을 느꼈던 모양이다. 가령 헌은 "나는 일본 신사 앞에 홀로 서면 언제나 알 수 없는 무언가가 내게 빙의하는 것 같은 느낌을 받는다"[(생신)9]고 술회한다.[10] 그래서 헌은 신사를 영어로 번역할 수 없다고 말하기도 한다. 어쨌거나 이와 같은 신도적 감수성이 함축하는 비가시성은 헌 안에서 '없음'이라는 지극히 추상적인 신도 정의로 드러난다.

불교는 수 세기에 걸친 변용과 쇠퇴 끝에 결국은 일본에서 사라질 운명에 처할 것이다. 그것은 어차피 하나의 외국 종교인 것이다. 그러나 신도는 지금도 기세가 꺾이지 않은 채 변함없이 신들의 고향을 지배하고 있다. 그리고 앞으로도 그 힘과 권위를 점점 더 늘려갈 것으로 보인다. 불교에는 만 권에 달하는 교리, 심오한 철학, 바다와도 같은 광대한 문학이 있다. 하지만 신도에는 철학도 체계적인 논리도 추상적인 교리도 없다. 그러나 이런 '없음' 덕분에 신도는 서양 종교 사상의 침략에 대항할 수 있었다. 이는 동양의 그 어떤 종교도 해내지 못한 일이다. 신도는 서양 근대과학을 기꺼이 받아들이는 한편, 서양 종교에 대해서는 완강하게 저항한다.[기즈키][11]

다시 말해 이런 '없음' 안에야말로 신도의 정수가 있다는 것이다. 자연 속에서 신적인 것을 보는 이와 같은 신도적 감수성이야말로 '원체험'의 핵심적인 내용이라 할 수 있다. 이는 『고사기』의 영역자 체임벌린이나 노리토의 영역자 사토E.M. Satow 혹은 『일본서기』의 영역자 애스턴W.G. Aston 같은 당대 최고의 일본학 연구자들과 차별성을 가지는 헌 독자적인 신도 이해의 관점을 잘 보여준다. 즉 체임벌린, 사토, 애스턴 등이 종교로서의 신도에 무관심 내지 혐오감을 품고 있었던 데에 비해 헌은 신도의 종교성에 주목하면서 그것을 일본 연구의 핵심적인 전거로 삼고 있다. 가

187

령 체임벌린은 『일본사물지』에서 "신도는 흔히 종교라고 말해지지만, 실제는 종교적 측면은 거의 없다. 교의도 없고 성전도 없으며 도덕적 규범도 결여되어 있다"[12]고 적고 있다. 사토와 애스턴도 마찬가지 입장이었다. 그들은 신도를 단지 먼 과거의 유물 혹은 역사적 자료로만 보았을 뿐이며, 천황제와 국가신도는 새로 만들어진 유치한 정치이데올로기에 불과하다고 생각했다. 이에 비해 신도적 감수성은 신들의 세계를 통해 일본 사회를 응시하는 헌 일본 담론의 관점으로 자연스럽게 이어지고 있다. 이 점에서 "헌은 그저 신도를 이해할 수 있었던 소수의 외국인이라기보다는, 일본인의 마음을 가질 수 있었던 유일한 서양인"[13]이라고 여기는 일본인들이 적지 않다.

3) 가미神 이해

신도에서는 죽은 자는 모두 가미가 된다고 말한다. 헌은 이와 같은 신도적 신 관념에 주목하면서 가미를 '위에 있는 자', '숭고한 자', '탁월한 자' 즉 초자연력을 지닌 인간의 사령을 의미하는 것으로 이해한다. 헌은 신도에서 제사 지내는 신들의 다양성을 제대로 파악하고 있었다. 그에 의하면 신도 신들은 일본 민족의 조상신으로 믿어지는 고대 신들, 후세에 신으로 모셔진 왕, 영웅, 제후, 유명 인사들, 그리스·로마인의 신앙에서도 찾아볼 수 있는 지수화풍地水火風의 4대신, 국민의 일상생활을 통괄하는 여러 특수한 신들을 포함한다. 나아가 헌은 사자死者가 인간의 생각과 행위를 지배하고 자연계에도 영향을 미친다는 '사자 지배설'을 강조한다. 그리하여 헌은 "(사람이 죽으면) 그들의 몸은 흙으로 돌아갈 것이다. 하지만 그들의 영적 힘은 여전히 지상 세계를 떠돌면서 지상의 사물에 붙어 바람과 물 속에서 활동한다. 그들은 죽음에 의해 신비한 힘을 획득함으로써 '위에 선 자' 즉 가미가 되는 것이다. 저 고대 그리스·로마적 의미에서의 신 말이다"^(고대 제사)[14]라고 하여『고사기』의 신을 비롯한 모든 신도 신들을 고대 그리스의 신과 유사한 것으로 보면서 이를 사자로 환원시키고 있다.[15]

이런 헌의 주장에는 스펜서 및 쿨랑주에게서 받은 영향이 짙게 드리워져 있다. 예컨대 헌은 "모든 법률은 성문법이든 불문법이든 생자에 대한 사자의 지배를 공식화한 것"이라는 스펜서의 말을 인용하면서 "구 일본의 법률은 '생자에 대한 사자의 지배'를 가장 잘 보여준다"^(사자의 지배)[16]고 적고 있다. 또한 헌은 조상숭배를 가족 종교의 원형으로 보고 거기에서 종교를 비롯한 모든 사회 제도가 파생된 것으로 이해한 쿨랑주의 관점에 따라 사자를 제사 지내는 조상숭배의 모델을 원시 신도와 장례 의식 및 가정 제사의 가신家神 숭배에서 찾고 있다.

라프카디오 헌과 신도

신도의 조상숭배는 분명 다른 모든 조상숭배와 마찬가지로 장례 의식에서 발전된 것이다. 이는 허버트 스펜서가 멋지게 논증한 종교 진화의 일반법칙에 완전히 부합된다. 나아가 신도의 공적 제사는 그것보다 오래된 가정 제사로부터 그 초기 형태를 발달시킨 것이다. 퓌스텔 드 쿨랑주의 명저 『고대도시』에는 고대 그리스·로마의 공적인 종교제도가 부엌신 신앙에서 발달한 것임을 상세히 논하고 있다. 신도의 경우도 마찬가지다. 그 증거로 '우지가미氏神'라는 말을 들 수 있다. 지금은 우지가미 하면 우부스나가미産土神라든가 신사를 가리키는 말로 쓰이고 있지만, 본래는 일족의 신 즉 가신家神을 의미한 것이다. …… '우지가미'라는 말의 어원은 어디까지나 가신으로서의 우지가미에서 찾아야 하며 따라서 가정 제사에서 유래된 신이라고 보아야 한다.^{(가정의 제단)17}

그런데 이런 관점과 더불어 보다 중요한 것은 헌이 일본 신도의 신을 '선악의 피안'¹⁸의 관점에서 인지했다는 점이다. 헌에 의하면 눈에 보이지 않는 형태로 이 세상에 존재하면서 우리 일상 생활을 지배하는 신도 신들에는 선한 신이 있는가 하면 악한 신도 있다. "근대적 윤리관은 선신과 악신을 모두 숭경하는 신도를 부정"하지만, 헌이 보기에는 바로 그 점이야말로 신도가 "모든 종교 중에서 가장 자연적인natural 종교이며 따라서 어떤 면에서는 가

라프카디오 헌의 일본론

장 합리적인 종교"[(조상숭배에 관한 단상)19]임을 보여주는 근거라는 것이다.

4) 생활원리 혹은 국민정신으로서의 신도

이처럼 '살아있는 종교', '없음의 종교', '가장 합리적인 종교'로 규정된 신도는 헌에게 무엇보다 사람들의 일상 속에 깊이 스며들어 있는 하나의 생활원리로서 받아들여졌다. 즉 신도는 단지 일본 민족 고래의 전통적 신앙일 뿐만 아니라 동시에 생활원리이기도 하다는 것이다. 헌은 후기에 갈수록 이 점을 더욱 강조하면서 신도가 생활원리이기 때문에 국민정신을 결집시킬 수 있었고 그 결과 근대 국민국가 및 천황제와 밀접한 관계를 가지게 되었다고 보아, 신도에 대한 보다 적극적인 확대 해석을 시도하면서 다음과 같이 적고 있다.

> 신도는 일본 국민정신의 영원불멸하고 항상 젊음에 찬 가장 고귀한 감정이 종교적으로 발현된 것이다. …… 신도가 무언지 알고 싶다면, 그 안에 미적 감각, 예술적 솜씨, 영웅주의의 불꽃, 충의의 힘, 신앙의 감정 등이 선천적으로 내재되어 있어 무의식적인 본능이 되어 있는 신비스러운 혼과 그 안에 감추어진 국민정신을 알고자 애써야 할 것이다.[(기즈키)20]

조상숭배로 대표되는 종교적 진화 단계에서는 종교와 윤리, 윤리와 관습이 나뉘어 있지 않았다. 거기서는 정치가 곧 종교이고 관습이 곧 법이었다. 신도 윤리는 하나에서 열까지 모두 관습에의 복종 안에 포함되어 있다. 가정의 전통적인 규율, 지역공동체의 전통적인 관습법 등이 신도의 도덕률이었다. 거기에 따르는 것 자체가 곧 종교이며, 관습에 대한 불순종은 곧 불경한 것으로 간주되었다.^{(지역사회의 제사)21}

관습이야말로 신도 윤리의 모든 것을 포함하므로, 일본인은 '태어날 때부터' 용기, 예절, 명분, 충의, 효도, 의리 등의 보편적 관념을 포괄하는 신도 윤리에 따라 생활할 수밖에 없다. 말하자면 신도적인 유전자를 가지고 있는 "일본 아이는 신도 신자로 태어난다."^{(가정의 제단)22} 이로써 신도는 일반적인 종교라기보다는 오히려 국민적 윤리와 도덕관으로서 기능하는 더 강력한 종교로 간주된다. 그렇기 때문에 일본인에게는 충의와 상위자를 위해 언제라도 한 목숨을 희생하려는 각오가 되어 있으며, 그 희생은 하나의 신성한 의무로 받아들여진다는 것이다. 헌은 일본 국민정신의 일부를 형성하고 있는 이와 같은 충성 관념과 자기희생의 각오를 더없이 아름다운 것 혹은 신비스러운 혼으로 보면서, 그것이 참된 신도라고 이해했다. 다시 말해 헌은 신도를 국민적 감

라프카디오 헌의 일본론

정이 결집된 것, 일본인에게서 종교적 '원관념'이자 보편적 종교라고 본 것이다.

이와 같은 헌의 신도 이해를 고려하건대 그가 "메이지유신의 원동력으로서 신도를 지목"[23]한다 해서 전혀 이상할 것이 없다. 헌은 이즈모 대사 방문이라는 원체험을 통해 신도가 과거의 유물이 아님을 실감했으며, 천황제와 국가신도가 그처럼 급속하게 정착한 것은 신도라는 민속적 토양이 있었기 때문임을 깨닫게 되었다. 예컨대 헌에게 이즈모 국조 숭배와 천황 숭배는 상호 연관성을 가진 것으로 받아들여졌다. 천황에 관한 이런 사고방식은 이론적, 역사적인 것이라기보다는 지극히 심정적이고 직관적인 것에 가깝다. 헌이 메이지유신 성공의 열쇠를 신도에서 찾고자 했던 것도 이런 심정적, 직관적 사고방식의 맥락에서였다고 여겨진다. 그렇다면 이처럼 신도에 밀착한 헌은 일본 내셔널리스트였던 것일까?

라프카디오 헌과 신도

2 헌의 신국 표상과 내셔널리즘

헌의 저서에는 내셔널리즘이라든가 내셔널리스트 등과 같은 표현은 일체 나오지 않는다. 그런 표현은 당대 일본에서 잘 쓰이지 않았기 때문일 것이다. 대신 'national'이라는 표현이 많이 보인다. 가령 『미지의 일본 견문기』1894 및 『마음』1896 같은 초기와 중기 헌의 저작에는 헤르더적 개념인 'national character', 'national beliefs', 'national moral experience', 'national mythology'라든가, 본질주의적인 인종–민족지학적ethno-national 개념인 'Japanese soul', 'national heart', 'the heart of a nation', 'the old moral discipline of the race', 'race-feeling', 'race-experience', 'the race-genius', 'the unconscious heroism of the race', 'national or race-instinct', 'the Soul of Old Japan 일본정신大和魂의 번역어' 등이 빈번히 사용되고 있다.

라프카디오 헌의 일본론

그러나 헌 일본 담론의 결정판이라 할 수 있는 마지막 저작인 『일본』1904에는 포스트-헤르더적인 네이션nation 개념이 등장한다는 점에 유념할 필요가 있다. 그것은 전통적인 인종-문화적 네이션 개념이라기보다는 근대 국민국가의 정치적 개념을 함축하고 있다. 가령 'national duty', 'the national cult', 'militant state', 'national danger', 'hour of national peril', 'the future international struggle', 'the national attitude toward foreign policy and foreign pressure' 등과 같은 표현을 들 수 있겠다. 이런 표현들은 귀화한 헌이 일본인이라는 자신의 새로운 정체성 안에서 근대 일본의 정치적 내셔널리즘을 받아들였다는 증거라 할 수 있다.[24] 이와 같은 용어상의 미묘한 변화는 헌 일본 담론에서 문화적 내셔널리즘으로부터 정치적 내셔널리즘으로의 전이를 시사해준다.

1) 신들의 고향: 문화적 내셔널리즘

초창기의 근대 내셔널리즘 담론을 대표하는 헤르더J.G. von Herder는 사회공동체를 무엇보다 먼저 문화공동체로서 이해하면서 그 공동체의 정체성을 결정하는 가장 중요한 요소로 민간전승과 민족전통의 역할을 강조하는 한편, 각 문화는 나름의 고유하고 독특한 가치를 지니고 있으며 어떤 민족도 다른 민족보다 내재적으로 우월하지 않다는 점, 따라서 특정한 절대적 기준에 따라 그 문

라프카디오 헌과 신도

화적 가치를 평가할 수 없다는 점을 주장했다. 이처럼 고유한 문화적 가치와 다양성을 강조하는 문화적 내셔널리즘은 근대 국민국가에서의 정치적 내셔널리즘과는 달리 온화하고 낭만적이며 노스탤지어적인 특성을 지니고 있다. 이는 오늘날의 개념으로 말하자면 지역학 연구자 혹은 민속학자의 내셔널리즘에 가까운 것이라 할 수 있다. 일본에 오기 전부터 이와 같은 헤르더의 문화적 내셔널리즘을 옹호하는 입장이었던 헌이 보편을 가장한 서구 우월주의 대신 민중적이고 민속학적 관심에서 일본 문화의 독자적 가치를 발견해내고 감격에 차 환호한 것은 그리 놀랄 만한 일이 아닐 것이다. 이와 같은 헌 일본 담론의 문화적 내셔널리즘은 무엇보다 그의 '신국神國' 표상에 잘 드러난다. 일본에서 쓴 첫 번째 글인 「극동에서의 첫날」에서부터 헌은 이미 신국이라는 표현을 쓰고 있다.

일본의 나무들은 왜 이리도 아름다운 걸까? …… 거기에는 아름다움의 기적이 있다. …… 이 신국land of the Gods에서는 예로부터 남자들이 나무를 길들이고 사랑하여 나무에 영혼이 깃들게 되었고, 그리하여 나무도 마치 사랑받는 여자처럼 남자를 위해 자신을 한층 아름답게 보임으로써 감사의 마음을 나타내고자 애썼던 것이 아닐지. (극동에서의 첫날)25

여기서 신국 어법은 일본의 아름다운 자연 풍광을 묘사하는 맥락에서 등장하고 있다. 그런데 「본오도리」에서는 이와 달리 이즈모를 "가미요神代의 나라, 고대적 신들의 나라"[(본오도리)26]로 지칭하는 맥락에서 신국을 언급한다. 이런 맥락은 헌이 미국 시절에 읽었던 『고사기』의 신화적 세계를 밑그림으로 하고 있지만, 동시에 그것은 일본 체재 이후 헌이 직접 체험한 일본 문화 및 거기서 귀결된 헌의 신도 이해와도 어느 정도 연관성이 있다. 가령 헌은 자신의 일본 체험을 통해 "사실상 신도는 놀랄 만한 인내심, 무사無私, unselfishness, 정직, 친절, 대담한 용기와 결합된 온화하고 유순한 국민성을 육성시켰다"[(사자의 지배)27]는 점을 재차 확인하고 있다. 하지만 무엇보다 헌 일본 담론에서 문화적 내셔널리즘의 전형적인 신국 표상은 전술한 '원체험'으로서의 이즈모 대사 방문과 관련된 다음 기술에서 가장 잘 엿볼 수 있다.

신국Country of the Gods이란 일본의 신성한 미칭이다. 그 신국 중에서도 가장 신성한 땅은 이즈모다. …… 이즈모는 특히 신들의 영지다. 일본 민족의 요람인 이즈모에서는 지금도 이자나기와 이자나미를 숭배하여 제사 지낸다. 그중 기즈키는 특히 신들의 도시다. 이곳은 일본의 태곳적 신앙 즉 위대한 신도의 가장 오래된 고향인 불후의 신사이즈모 대사 — 지은이가 있는 성지다.[(기즈키)28]

여기서 헌이 이즈모 대사를 '신도의 고향'이라고 칭한 데에는 그만한 이유가 있어 보인다. 즉 일본 민속에서는 예로부터 음력 10월을 전국 신들이 출타 중인 달이라 하여 간나즈키神無月라고 부른다. 이때 신들은 어디로 가는 것일까? 고래 일본인들은 전국의 팔백만 신들이 이즈모에 집합하여 신들의 회의를 연다고 여겼다. 이에 맞추어 이즈모 지방에서는 간아리사이神在祭라는 제의를 거행한다. 그 기간 중 이즈모 주민들은 결혼, 건축, 토목공사, 재봉, 가무, 악기 연주라든가 심지어 이발과 손톱 깎는 것까지 삼가며 조심스레 근신한다. 그래서 이 간아리사이를 오이미마쓰리御忌祭라고도 한다. 이즈모 대사의 간아리사이는 음력 10월 11일부터 17일까지 7일간 거행한다. 제의 하루 전인 음력 10월 10일 밤에는 신들을 영접하는 의식이 국토이양 신화의 무대인 이나사노하마에서 거행된다. 이리하여 이나사노하마에 상륙한 신들이 이즈모 대사의 동서19사東西十九社[29]에 숙박하면서 경외 섭사인 가미노미야上宮=仮宮에서 호스트 격인 오쿠니누시의 주재하에 회의를 한다는 것이다.

그렇다면 이 회의에서 신들이 논의하는 의제는 무엇일까? 『고사기』의 국토이양 신화에서 오쿠니누시는 국토이양의 조건을 내걸면서 현세의 일은 황손이 맡고 유사幽事, 눈에 보이지 않는 일들는 자신이 관장하겠다는 뜻을 내비쳤는데, 바로 이 유사를 결정하는 일

라프카디오 헌의 일본론

이 회의의 주요 어젠다인 셈이다. 이때의 유사란 다음 해의 작물 수확이라든가 양조 등을 비롯하여 사람들이 예측할 수 없는 인생 제반사의 불가사의에 걸쳐 있는데, 그중에서도 남녀 간 연분과 인연의 운명을 결정하는 문제가 신들의 회의에서 가장 중요한 의제에 해당한다. 실제로 일본인들은 특히 에도 시대 이래 오쿠니누시를 남녀 간의 사랑과 정분을 맺어주는 복신으로 믿어왔다. 때문에 오늘날 이즈모 대사는 무엇보다도 남녀 간의 애정과 인연에 특별한 효험이 있는 신사로서 수많은 일본인들에게 사랑받고 있다. 이와 더불어 일본인들 사이에서는 신들이 이즈모에 집합하는 음력 10월에 전국적으로 남녀의 못 다한 사랑과 인연이 이루어진다는 속설이 널리 보급되기도 했다. 이처럼 남녀 간 인연과 사랑의 신으로 관념된 오쿠니누시는 근대 이후 신도식 신전결혼식이 일반화되면서 일본인들 사이에 더욱 친근한 존재가 되었고, 이즈모 대사를 비롯하여 오쿠니누시를 모시는 전국 각지의 신사에는 경내에 결혼식장이 구비되어 있는 경우가 많아 오늘날에도 결혼 적령기의 젊은 커플들에게 인기를 끌고 있다.

어쨌거나 1890년 12월 2일 사타 신사의 간아리사이에 참배했던 헌은 이와 같은 이즈모 지역의 풍습을 찰지하고 있었을 터이다. 게다가 헌은 1891년 4월 5일에 방문했던 야에가키 신사의 제신이 남녀 간 인연을 맺어주는 사랑의 신이라는 점에 주목하면

마쓰에의 야에가키 신사

『고사기』의 "겹겹의 구름들이 피어오르는 이즈모의 여덟 담장이여, 아내를 위해 여덟 담장을 세우노라, 여덟 담장을"이라는 일본 최초 와카(和歌)의 신화적 무대이기도 하다. 야에가키(八重垣)란 신혼의 아내 이나다히메를 위해 스사노오가 첩첩이 쌓은 '여덟 담장'을 가리킨다. 이 신사의 제신 스사노오와 이나다히메는 사랑과 연분의 신으로 믿어지고 있다. 1891년 이곳을 방문한 헌은 특히 남녀 인연을 맺어준다는 이 신사의 오후다(부적)와 사랑점에 깊은 인상을 받았다고 한다.

서 그것과 관련된 민속 문화에 대해 상세하게 거론하기도 한다.[야에가키 신사]30 이처럼 낭만적, 노스탤지어적, 미학적 오리엔탈리즘 및 '신들의 고향'으로서의 신국 표상과 결부된 헌 일본 담론의 문화적 내셔널리즘은 이윽고 정치적 내셔널리즘과 겹쳐지게 된다.

2) 신들이 수호하는 나라: 정치적 내셔널리즘

유럽에서 헤르더파가 그러했듯이 전통주의적이고 보수적인 헌의 문화적 내셔널리즘 또한 점진적으로 정치화되었다. 1889년 메이지헌법 이래 메이지 국민국가의 내셔널리즘 이데올로기 안에서 자신을 어필하고자 했던 헌은 당대 일본을 뒷받침한 국가신도 이데올로기와 대외 정책에 매우 (문화적 내셔널리즘을 표면에 내세운다는 점에서) 미묘한 방식으로 동조하는 행보를 보였다. 하지만 문화적 내셔널리즘과 정치적 내셔널리즘의 조합은 결과적으로 위험성을 내포하고 있었다. 여기서는 천황제 및 전쟁에 관한 헌의 태도를 중심으로 이 문제에 접근해보고자 한다. 이에 앞서 먼저 『일본』에 집약된 헌의 신도 이해를 다시 한 번 상기해볼 필요가 있다.

　『일본』은 헌의 이전 작품들과는 매우 상이한 성격의 저술이다. 그것은 『미지의 일본 견문기』와 같은 인상적 여행기의 성격을 벗어나 어느 정도 학문적이고 논픽션적인 연구서로서, 일본사와 일본 문화에 대해 일반적이고 총체적인 개관을 전개한 헌 일본 담론의 결정판이라 할 수 있다. "내셔널리스트로서 헌의 마지막 선언문"[31] 같은 이 책에서 헌은 "불교는 10세기 동안이나 국민의 교육을 지도했다. 하지만 신도는 그 사이 변함없이 생존해왔으며 마침내 자신의 경쟁상대를 무너뜨릴 수 있었을 뿐만 아니라, 외국의 지배로부터 일본을 구할 수 있었다. …… 신도는 민족 감정, 의무감, 충의의 열정, 애국심 등에 호소하는 모든 전통을 대표하는 것으로서 지금도 여전히 커다란 힘을 지니고 있다. 그것은 앞으로도 나라가 위기에 처할 경우 유감없이 그 힘을 발휘할 것이다"[(신도의 부활)32]라고 하면서 "이 새로운 충忠의 종교new religion of loyalty"[(충의 종교)33]를 언급한다.

여기서 국가신도를 가리키는 말임에 틀림없는 '새로운 충의 종교'는 정치적 내셔널리즘의 함의와 분리될 수 없는 개념이다. 그런데 정치적 내셔널리즘과 앞서 거론한 문화적 내셔널리즘의 경계가 그렇게 확연한 것만은 아니다. 예컨대 신도적 감수성에 입각한 헌의 낭만적인 문화적 내셔널리즘과 나치의 그것이 딱 들어맞는 등가물이라고 단언할 수는 없겠지만, 제2제국제국주의 독일이 제3제국나치 독일을 준비했듯이 헌이 문화적 내셔널리즘의 틀 안에서 수용한 메이지 일본의 천황제 이데올로기가 1930~40년대 군국주의 일본을 준비한 측면이 있다고 해도 크게 틀린 말은

라프카디오 헌의 일본론

아닐 것이다. 물론 헌이 경험한 시대는 군국주의 일본과는 직접적인 연관성이 없다. 또한 메이지 일본의 국가 내셔널리즘에 대한 헌의 옹호는 주로 구 일본 전통의 문화적 자율성을 보존하고자 하는 욕망에 입각한 것이었다. 그럼에도 헌의 저작들이 군국주의 일본이 제멋대로 이용할 만한 이데올로기적 받침목을 내포하고 있었다는 사실을 전적으로 부정하기는 어려워 보인다. 이 점만으로도 헌 일본 담론의 정치적 내셔널리즘에 주목할 이유는 충분해 보인다. 게다가 낭만적이고 직관적인 문화적 내셔널리즘의 자리에서 근대 일본의 천황제를 승인하는 입장과는 별도로 메이지 일본이 수행한 대외전쟁에 대해 헌이 취했던 비교적 우호적인 관점은 다음과 같은 적자생존의 진화론적 발상에 입각한 정치적 내셔널리즘을 함축하고 있다.

말할 것도 없이 종족 간의 전쟁은 투쟁의 보편법칙과 완전히 일치한다. 영원한 투쟁 속에서 더 우수한 자만이 살아남을 수 있다. 열등한 인종은 뛰어난 인종에게 복종하거나 사라질 수밖에 없다. 진보에서 낙후된 고대적 유형의 문명은 보다 효율적이고 복합적인 문명의 압력에 굴복할 수밖에 없다. 이런 법칙은 냉혹하고 단순하다.[성찰]34

그렇다고 해서 헌이 일본의 대외전쟁을 무조건적으로 긍정한 것은 아니었다. 가령 청일전쟁과 관련하여 헌은 중국과 한국에 대해 공격적이고 성공적인 군사력 사용을 통해 자신의 힘을 과시한 일본에 관해 서술하면서, 일본이 취한 새로운 노선에 대해 "일본의 장래 위험은 바로 이 엄청난 자신감에 있다. 그것은 승리에 도취하여 새롭게 생겨난 감정이 아니다. 그것은 계속된 승리로 오직 강해지는 데에만 전력투구하는 민족 감정race feeling이다"(전쟁 후에)[35]라고 하면서 우려와 염려를 표명하기도 한다.

　　하지만 헌이 전쟁과 신국 표상을 직접 결부시켜 언급한 적은 없다. 메이지 일본은 대외전쟁을 수행하는 가운데 도요토미 히데요시의 복권을 추진하면서 그가 다 이루지 못한 정복전쟁의 영광을 떠올렸음직하지만, 오히려 헌 자신은 임진왜란에 관해 "정당한 이유 없이 벌인 전쟁"에 지나지 않으며, "일본이 비싼 희생을 지불하고 해외에서 얻은 승리의 표식이라 내세울 만한 것은 나라奈良의 이총耳塚 외에는 아무것도 없었다"(무가 권력의 흥륭)[36]고 일축한다. 그런데 임진왜란을 일으키기에 앞서 히데요시가 발포한 〈바테렝가톨릭 선교사 추방령〉1587 5개조는 "일본은 신국이므로 기독교국으로부터 사법邪法을 받아들일 수 없다"는 조항으로 시작된다. 이때 히데요시가 사용한 '신국'이라는 표현은 '신들이 수호하는 나라'를 지칭하지만, 거기에는 '기독교를 거부하는 나라'라는

라프카디오 헌의 일본론

의미도 내포되어 있었다. 마찬가지로 헌 일본 담론의 신국 표상 또한 실은 반反기독교적인 함축과 결코 무관한 것이 아니었다.

물론 헌의 저작에는 신국이라는 말을 '신들이 수호하는 나라' 라는 의미로 쓴 직접적인 사례는 보이지 않는다. 그런데『일본』 이 1904년 미국에서 처음 출판될 때 영문 제목 위에 한자로 '신 국'이라는 단어가 붙어 있었다. 이를 빌미 삼아 일본어 번역본은 『신국일본神國日本』이 되었고 그것이 오늘날에 이르기까지 그대로 통용되어왔으며, 최근 나온 한국어 번역본 또한 동일한 제목을 달고 있다.[37] 문제는 이런 타이틀이 헌의 의도와는 상관없이 (특 히 일본) 독자들에게 '신들이 수호하는 나라'를 연상시킨다는 점 에 있다. 하지만『일본』의 저술 의도가 '신들이 수호하는 나라' 일 본이라는 신국 표상과는 차이가 있음에도 불구하고, 그것이 결 과적으로 군국주의적 국체론자들의 국가신도적 신국 표상에 흡 수되었음은 부정할 수 없는 사실이다.

다나베 류지의 평전『고이즈미 야쿠모』가 출판된 다음 해인 1915년, 다이쇼大正 천황 즉위에 수반한 대례 기념서훈에 의해 헌 에게 종4위 서훈이 하사되었다. 영화英和대역본 헌 전집9권 출판 1921, 일본어 번역본 헌 전집18권 출판1926, 마쓰에의 '고이즈미 야쿠 모 기념관' 개관1933, 도야마 대학 부속도서관의 '헤른 문고' 개설 1935 등 다양한 헌 기념사업이 추진되는 가운데, 1942년 다나베에

라프카디오 헌과 신도

의해『일본』의 일본어 번역 개정판『신국일본』이 나왔다. 이 번역서 해설에서 다나베는 "이 책은 일본에 관한 야쿠모의 졸업논문이라고 불릴 만큼 일체의 일본 연구를 망라하고 있다. 여러 저술에서 헌이 신도와 불교에 관해 쓴 논문, 수필, 이야기 등이 이 책에서 추상적, 종합적으로 기술되고 있다. 헌이 본 일본은 약 40년 전의 일본이었다. 구미의 자본 침략에 관한 헌의 우려는 다행히 기우에 불과한 것이었다고 할 수 있다. 그러나 헌의 통찰에는 지금도 여전히 경청할 만한 것이 많다"[38]고 하면서 일본이 신국인 까닭, 호머 이전의 그리스를 제외한다면 달리 그 유례를 찾아볼 수 없을 만큼 헌이 신국의 의미를 강조한 부분, 그리고 나아가 헌이 본 일본 정신에 관해 설명하고 있다. 이와 아울러 다나베는 야스쿠니 신사에 대한 다음과 같은 헌의 기술에 주목하기도 한다.

이즈음러일전쟁기─지은이 일본이 보여준 공격력 발휘는 전혀 예기하지 못했던 것이다. 그 배후에 깔려 있는 정신력이 물론 과거의 기나긴 세월에 걸친 훈련 덕분임은 말할 것도 없다. …… 일본 민족의 저 무의식적인 청명한 용기─목숨을 가볍게 여긴다는 의미가 아니라 사자의 위패를 제사 지내주는 천황의 명령에 대한─는 바로 목숨을 바친다는 염원을 보여주는 용기인 것이다. 현재 전쟁에 소집된 수천수만의 젊은이들의 입에서 '명예롭게 살아서 고국에 돌아가고 싶다'는 말 따위는 한마디도 들을 수 없다. 이구동성으로 말하는 희망은 '초혼사야스쿠니 신사—지은이'에 길이 이름을 남기고 싶다는 것뿐이다. 이 초혼사는 '사자의 영을 맞이하는 신사'로서 거기에는 천황과 조국을 위해 죽은 모든 사람들의 혼이 모인다고 믿어지는 곳이다. 이런 고래의 신앙이 이 전시에서만큼 맹렬하게 타오른 적은 다시없을 것이다.^{(성찰)39}

헌의 이런 찬탄에 대해 다나베는 "헌이 서거한 지 33년이 지난 오늘날 그가 메이지 신궁, 도고 신사, 노기 신사를 배례하는 일본인의 모습을 목격한다면, 그는 새로운 감격과 함께 크게 공명했을 것"⁴⁰이라는 말로 해설의 글을 맺고 있다. 이는 헌의 신국 표상이 후대에 『국체의 본의国体の本義』1937라든가 『신민의 도臣民の道』1941 등의 국체론⁴¹으로 집약된 국가신도 시대 일본의 정치적 내셔널리즘과 연동하여 그의 사후에 끊임없이 재생산되었다는 점을 짐작케 해준다. 메이지 유신과 성공적인 근대화를 상징하는 메이지 천황 및 러일전쟁의 영웅인 도고 헤이하치로와 노기 마레스케를 각각 신으로 제사 지내는 메이지 신궁, 도고 신사, 노기 신사는 야스쿠니 신사와 더불어 당시 일본인들에게 제국 일본의 영광을 상기시켜주는 천황제 이데올로기의 효과적인 선전 장치로서 정치적으로 널리 활용되었기 때문이다.

라프카디오 헌과 신도

3) 사자들의 나라: 종교적 내셔널리즘

한마디로 헌은 당시의 국가신도national Shinto를 "애국심의 종교로서의 신도Shinto as a religion of patriotism"(성찰)42로 이해했다. 이는 "여기서는 이즈모의 고대 신앙, 즉 근대 일본의 국가 종교State Religion of Japan인 신도에 관해 논하고자 한다"(가정의 제단)43라는 헌의 말에서 잘 나타나듯이, 그의 신도 이해가 전통적인 신사 신도와 새롭게 만들어진 전통으로서의 국가신도를 특별히 구별하지 않은 채 둘의 연속성 안에서 구성된 것임을 말해준다. 일본인의 애국심은 헌으로 하여금 이와 같은 양자의 연속성을 확신하도록 해준 하나의 매개라 할 수 있다. 그리고 다음의 글이 잘 보여주듯이, 일본인에게 애국심은 무엇보다 미학적 감성에 호소한다.

신도의 놀랄 만한 생명력은 문자 이전 시대부터 오랜 기간의 전개 과정을 거쳐 지금까지도 여전히 일본인의 심층에서 심정의 종교religion of the heart로 남아 있다는 사실에 기인한다. …… 대도시라면 어떨지 모르겠지만, 적어도 이즈모에서 이런 열렬한 충성심은 소년이라면 누구나 품고 있는 지극히 자연스러운 감정이다. 서양인에게 충성심은 보다 성숙한 지식과 사고에서 나오는 신념이지만, 일본의 젊은이들은 다르다. 그들은 결코 스스로에게 '왜?'라고 묻지 않는다. 다만 한 몸을 바친다는 아름다움, 그것 이외의 다른 동기는 필요로

라프카디오 헌의 일본론

하지 않는다. 이런 열광적인 충성심이 생활의 일부가 되어 있다. 마치 꿀벌들이 여왕벌에게 충성하듯이, 그런 피가 그들 몸 안에 흐르고 있는 것이다. 이것이 신도다.[가정의 제단]44

일본 신도 일반이 이런 애국심과 직결되어 국가신도와 아무런 구별 없이 받아들여지고 있다는 점만으로도 우리는 헌 일본 담론에서 '신도 내셔널리즘'을 말할 수 있게 된다. "신도는 줄곧 살아남아서 경쟁자인 불교를 마침내 몰아냈을 뿐만 아니라, 일본을 외국의 지배에서 구할 수 있었다"[신도의 부활]45고 믿은 헌이 러일전쟁의 승전보를 접하면서 "그리스인들이 침입자 페르시아를 물리치는 데에 그들의 신앙과 용기가 큰 의지처가 되었듯이, 일본이 대국 러시아에 맞설 수 있었던 것도 이와 유사한 종교적 영웅주의 때문이었다"[성찰]46고 주장할 때의 "종교적 영웅주의"는 실로 이런 신도 내셔널리즘의 전형적인 표현이라 할 수 있다.

이와 같은 신도 내셔널리즘은 그 구체적인 내용에서 문화적 내셔널리즘과 정치적 내셔널리즘을 모자이크한 합성물 같은 것이다. 먼저 문화적 내셔널리즘과의 관계에서 신도 내셔널리즘과 문화적 아이덴티티의 문제에 주목할 필요가 있다. 즉 헌 일본 담론에서 신도 내셔널리즘은 일본의 문화적 아이덴티티 형성에 중요한 역할을 하는 핵심적인 추동력이었다는 말이다. 예컨대 헌

라프카디오 헌과 신도

은 가모노 마부치賀茂真淵와 모토오리 노리나가 같은 국학자들의 주장을 받아들이면서 일본인의 국민성은 그 신성한 기원으로 인해 중국인보다 덕성이 뛰어나다고 말한다. "비록 사회학자는 이런 도덕적 우월성의 주장에 실소를 금할 수 없을지 모르겠으나, 저 국학자들의 주장에는 일말의 진실이 깃들어 있다. 마부치와 노리나가는 일본이 거의 믿을 수 없을 만큼 세밀하고 자세한 규율과 그 엄격한 적용에 오래전부터 길들여져왔다고 말한다. 이런 규율과 훈육은 현실적으로 놀라운 국민성을 창출해냈다. 가령 놀랄 만한 인내, 무사無私의 정신, 정직, 친절, 드높은 용기와 결부된 온순성 등과 같은 국민성 말이다."(사자의 지배)47 이처럼 신도 내셔널리즘과 국민성의 밀접한 관계를 응시하는 헌은 신도의 윤리적 정조가 이른바 '야마토 정신'이라는 이름하에 창안되었다고 말하면서 그 야마토 정신을 '구 일본의 혼Soul of Old Japan'으로 간주한다든지(사자의 지배)48 혹은 '신도 정신'을 '일본의 혼'과 동일시하기에 이른다.

교육의 보급과 근대 과학의 영향은 분명 사람들의 지식을 넓혀 신도적 사고방식을 일부 버리게 만들지도 모른다. 그러나 신도의 근본적인 윤리는 조금도 흔들림이 없다. 왜냐하면 신도는 이제 한층더 높은 이념을 의미하고 있기 때문이다. 가령 용기, 예의, 명예심,

그리고 무엇보다 충성심 같은 이념 말이다. 오늘날 신도 정신spirit of Shinto이란 부모를 잘 모시고, 일에 태만하지 않고, 대의를 위해 목숨을 던질 각오를 가지는 데에 있다. 일본 아이들이 말귀가 빠르고 지시에 잘 따르는 것도, 일본 여성들의 마음가짐이 참으로 훌륭한 것도 이런 신도 정신의 표출이다. 신도 정신은 때로 보수주의로 화하여, 전통을 버리고 외국을 추수하는 시대 경향에 건전한 제동을 걸기도 한다. …… 신도는 종교이다. 하지만 그것은 일반적으로 말해지는 종교와는 다르다. 그것은 선조 대대로 전해져온 도덕적 충동, 윤리적 본능에까지 심화된 종교이다. 즉 신도는 일본 민족을 지배하는 모든 감성적 삶 자체로서의 '일본의 혼Soul of Japan'이다.[가정의 제단]49

스탈스R. Starrs는 이런 '일본의 혼'으로 대변되는 "문화적 아이덴티티의 형성과 보존에서 신도의 중심적인 역할"을 말하는 헌 일본 담론이 향후 일본 내셔널리즘에 끼친 영향으로 (1) 일본 민속 문화와 민속학에 대한 학문적 관심의 고취 (2) 재화 민담이 일본 어린아이들에게 끼쳐온 절대적인 영향력 (3) 일본인론에 끼친 다대한 영향 (4) 일본인들의 신도 이해에 끼친 영향 (5) 일본 문화의 가치에 대한 재인식 촉구 등의 다섯 가지를 꼽으면서, 특히 헌이 국민적 정체성과 관련하여 일본적 감각을 형성하는 데에 크게 일조했음을 강조하고 있다.[50] 이 대목에서 우리는 정치적 내셔널리즘과 관련하여 신도 내셔널리즘과 국민도덕의 문제에 유념하지 않으면 안 될 것이다. 신도의 연속성을 보증하는 매개로서 헌이 상정한 애국심은 종교적 영웅주의뿐만 아니라 조상숭배 및 충효로 대표되는 국민도덕에 기초하고 있다. 이것이 '생활 원리' 혹은 '국민정신'으로서의 신도 이해와 밀접하게 결부되어 있음은 말할 나위 없다. 헌에 의하면 "신도 정신은 곧 효의 정신이며 의무에 대한 열의이며 주의주장을 위해서는 때와 장소를 불문하고 자기 몸을 던질 각오를 가진 정신"(가정의 제단)51이기도 하기 때문이다. 이렇게 확대 해석된 신도는 단순한 종교가 아니라 선조 대대로 물려받은 유전적인 도덕적 충동 혹은 도덕적 본능으로 화한 종교가 된다. 헌은 이런 의미에서 신도야말로 '일본적 감성의 총화'이며 '일본의 혼'이라고 말한 것이다.

이처럼 변형된 신도적 종교성으로서의 국민도덕에 주목하는 헌의 입장은 국가신도의 사실상의 경전이라 할 수 있는 〈교육칙어〉1890년 10월 30일 발표의 핵심적 메시지인 충효의 정신과 부합되는 측면이 많다. 〈교육칙어〉의 영역문을 읽은 헌은 『미지의 일본 견문기』에 그 전문을 게재하면서 "모든 학생들 혹은 거의 전부는 성실한 신도 신자다. 이는 특정 신을 열렬히 숭배한다는 의미에서가 아니라 고차적인 신도가 의미하는 것, 즉 충성, 효도, 양친과 스승과 윗사람에 대한 복종, 조상에 대한 숭경을 엄격하게 준

라프카디오 헌의 일본론

수한다는 의미에서다."(영어교사의 일기에서)52라고 적고 있다. 여기서 헌이 들고 있는 고차적 신도의 내용들 즉 충효와 복종과 조상 숭경 등은 모두 〈교육칙어〉의 내용과 그대로 일치한다. 그런데 "천양무궁天壤無窮의 황운皇運을 부익附益하는 것이 조상의 유풍을 현창하는 것"임을 내세우는 〈교육칙어〉에서는 가정의 조상숭배에서 유래하는 개인의 사적 도덕과, 천황에 대한 충성을 중심적 과제로 하는 공적 도덕이 분명한 연결고리 없이 결부되어 있으며, 거기서는 후자공적 도덕가 지고한 가치를 가진다. 국민도덕과 신도 정신을 동일선상에 놓고 조상숭배와 천황 숭배를 매개 없이 연결시키는 헌의 신도 내셔널리즘 또한 이와 동일한 문제점을 안고 있다.

　헌은 쿨랑주의 주장에 따라 일정한 문화를 가진 족장사회에서는 어디서든 효를 중시하는 풍조가 있으며, 이 효라는 덕목은 고대 로마인이 말하는 '피에타스pietas, 의무 혹은 경건'를 가리킨다고 말한다. 이때의 효는 단순히 부모에 대한 자식의 효심과 효도에만 머물지 않는다. 그것은 조상에 대한 숭경의 염과 연결되어 있기 때문이다. 그런데 헌은 여기서 "일본의 윤리 체계 전체가 가족 종교에서 유래한다는 점은 명백하다. 이런 가정 제사로부터 사자뿐만 아니라 생자에 대한 모든 의무 관념, 존숭의 마음, 충성심, 헌신, 애국심 등이 생겨난 것이다"(가족 종교)53라 하여 조상에 대한 숭경의 염을 가정에서부터 외부로 무한히 확장시킨다.54 즉

"이 효의 종교가 유포되어 있는 곳에서는 개인이 여러 경우에 가족과 이에家와 선조를 위해 자신의 목숨을 던질 각오가 생긴다. 이런 희생을 무릅쓰는 효의 정신은 나아가 주군을 위해서라면 가족도 희생하는 충성심이 되며, 더 나아가 많은 일본인들이 영웅시하는 구스노키 마사시게楠木正成, 1294~1336처럼 칠생보국七生報國의 정신으로 천황을 위해 목숨을 던지는 충성심이 되기도 한다"(가족 종교)55고 하여, 헌이 말하는 효의 정신은 최종적으로 천황에 대한 충성심으로 귀착한다. 하지만 왜 천황인가 하는 논리적 설명은 없다. 천황에 대한 충성심이 유전적으로 타고난 선천적이고 자명한 것으로 전제되고 있는 것이다.

일본의 아이들은 태어나면서부터 신도의 마음을 가지고 있다. 가정교육도 학교교육도 이런 타고난 신도의 마음을 밖으로 끌어내는 것일 뿐이다. 새로운 씨앗을 뿌릴 필요도 없이, 조상으로부터 이어받은 윤리 감각을 키워주고 갈고 닦게 할 뿐이다. 그 아이들은 서양인과는 전혀 다른 도덕적 감정을 갖추고 있다. 일본의 14~16세 정도의 학생들에게 무엇이 가장 소중한 바람이냐고 물으면, 그들은 열에 여덟아홉은 때 묻지 않은 순수한 마음으로 '천황 폐하를 위해 목숨을 바치는 것'이라고 대답할 것이다.(가정의 제단)56

결국 〈교육칙어〉의 정신과 일치하는 이런 헌의 입장이 결과적으로 국가신도의 교의를 반영하는 것임은 두 말할 나위 없다. 이처럼 국민 교화를 위해 조상 및 부모에 대한 효도와 천황에 대한 충성을 일체화시킨 메이지 정부의 국가신도 교의가 헌의 주장과 만나는 접점은 얼마든지 찾아볼 수 있다. 이 점에서 헌은 명백히 시대적 한계를 보여준다. 그렇다고 해서 헌을 국가신도의 선전자라고 성급하게 못 박을 필요까지는 없을 것이다. 어쨌든 근대 일본이 그처럼 강고한 국가신도 체제를 확립할 수 있었던 것은 조상숭배와 가정 제사를 토대로 하는 일반 민중의 정신적, 종교적 전통 안에 그것을 수용하는 기반이 있었기 때문에 가능했던 것은 사실이다. 가령 근대 일본에는 천황의 조상을 제사 지내는 수많은 제전과 경축일이 신설되었다.[57] 그 배경에는 천황 자신이 조상의 영령을 제사 지냄으로써 국민에게 조상 제사의 모범을 보인다는 목적이 있었는데, 이것이 효과를 거둘 수 있었던 것도 일반 민중의 민속 전통에 호소했기 때문이다. 이 점에서 국가신도를 수용한 일반 민중의 심정에 주된 관심을 기울였던 헌을 변호하는 것은 나름대로 이유가 있다고 볼 만하다.

요컨대 헌이 말하는 신은 결국 '사자=조상'로 귀결되며 따라서 그가 '신국'이라고 부른 것은 '사자들의 나라' 혹은 '사자가 지배하는 나라' 곧 '조상숭배에 토대를 둔 나라'를 가리키는 말로 이해할 수 있다. 그러니까 "일본의 역사는 사실상 종교의 역사이다. 정치를 가리키는 옛 일본어 마쓰리고토政事는 말 그대로 제사 지내는 일을 의미했다. 훗날 우리는 정치뿐만 아니라 일본 사회 대부분의 영역이 직간접적으로 조상숭배와 밀접한 관계가 있다는 점을, 그래서 산자가 아닌 죽은 자가 국민의 통치자이고 국민의 운명을 형성해왔다는 사실을 인식하게 될 것이다"(고대 제사)58라는 헌의 말이 가리키는 바는 다름 아닌 '사자들의 나라'로서의 신국 표상에 있다. 그 신국 표상은 사자가 일본 역사의 지배자라는 것, 이것이 신도의 기본적 발상이며 거기서 일본인의 윤리관 즉 사자와 생자 모두에 대한 의무인 천황에 대한 외경, 충성, 헌신, 애국, 효도의 정신이 생겨났다는 점을 끊임없이 상기시킨다.

라프카디오 헌의 일본론

6

라프카디오 헌
일본 담론의
양의성

1 오리엔탈리즘의 가면

일본을 응시하는 헌의 시선은 적어도 초기에는 지나치게 감상적이고 낭만적인 이상화에 치우쳐 있었다. 가령 일본에 관한 첫 번째 저술인 『미지의 일본 견문기』1894에서 헌은 첫 발을 내디딘 요코하마의 다양한 풍경을 접하면서 '말로 표현하기 어려운 신성한 아름다움', '감미로운 놀라움', '낭만적인 기분을 불러일으키는', '신비롭고', '마술 같은', '마법의 책에서 튀어나온 듯한', '끝없는 미로'의 '비전적esoteric'이며 '전혀 미지의', '그림 같은', '거룩한', '동화의 나라' 혹은 "아담하고 우아한 세계, 작고 친절한 사람들이 행복을 기원하는 듯한 미소를 지어오는 세계, 모든 움직임이 느긋하고 온화하고 목소리를 낮추어 소곤거리는 세계, 땅도 사람도 하늘도 이제까지 알고 있던 것과 너무나 다른 작은 요정의 나

라프카디오 헌 일본 담론의 양의성

라"[극동에서의 첫날][1]라는 식으로 묘사하고 있다.

일본에 도착해 헌이 받은 최초의 인상은 신비스러운 일본 이미지에 고착되어 있다. 그 결과 헌은 대단히 이상화된 낯선 세계의 모습으로 일본을 형상화하고 있다. 이렇게 이상화한 헌의 일본 이미지는 상당히 회화적 색채가 짙다. 실제로 헌은 일본인의 모습을 우키요에 속의 등장인물과 중첩시켜 환상적 이미지를 극대화하기도 한다. "여기에 호쿠사이의 그림 속에 나오는 인물이 걸어가고 있다. 우비를 입고 커다란 버섯 같은 삿갓을 쓰고 짚신을 신은 인물이"[극동에서의 첫날][2] 등장하는 우키요에는 사물과 풍경을 왜곡해서 표현했다는 것이 일반적인 통설인데, 헌은 그런 의견에 반대하면서 우키요에는 일본과 일본인의 실제 모습을 반영한 실경이라고 주장한다.[3] 헌은 우키요에라는 환상을 현실로 믿고 싶어 하는 것이다. 여기서 우리는 헌에게 일본이 하나의 돌이킬 수 없는 환상으로 각인되어 있음을 알 수 있다. 그 환상은 마지막 저술인 『일본』에까지 이어지고 있다.

일본국은 실로 요정의 나라였다. 그 기이하고 아름다우며 그로테스크하면서도 신비스럽기 짝이 없는 분위기와 풍광은 다른 나라에서는 도저히 찾아볼 수 없는 매혹으로 가득 차 있다. 그것은 기원후 19세기의 세상이 아니라 기원전 몇 세기의 세상인 것 같다. 하지만

라프카디오 헌의 일본론

⟨에지리(江尻)⟩(1804)

고흐 등 인상파에 영향을 끼친 가쓰시카 호쿠사이(葛飾北斎, 1760~1849)의 우키요에 작품이다.
호놀룰루 미술관 소장.

이처럼 일본이 경이 중의 경이라는 사실은 제대로 인정받지 못했다. 그리고 현재까지도 많은 사람들이 이 점을 인식하지 못하고 있다. ^{[전 시대의 유물]4}

오늘날 서구의 대표적인 일본 연구자 중 한 사람인 도널드 킨 Donald Keene에 의하면, 일본 이해에 가장 장애가 되는 것은 '신비한 동양'이라는 관념이다. 이런 의미에서 헌의 일본 담론은 한편으로 참된 일본 이해를 방해하는 장애물이 될 수도 있을 것이다.[5] '신비한 동양'이라는 생각이란 곧 오리엔탈리즘을 가리키는 말이다. 오리엔탈리즘의 한 축이 서구 우월주의에 입각하여 동양을 재단하는 이국 멸시적 태도라면, 다른 한 축은 감상적, 낭만적, 노스탤지어적으로 동양을 이상시하는 이국 취미적 태도라 할 수 있다. 이 중 이국 취미적 태도는 앞의 제2장에서 다루었던 문제 즉 일본 여성에 대한 이상화로 나타나는 경우가 많다. 가령 헌은 다음과 같이 적고 있다.

일본 여성은 자신이 태어난 일본에서만 그 가치를 인정받을 수 있다. 이 도덕적 존재는 섬세한 감수성, 더할 나위 없는 무사無私의 심성, 어린아이 같은 신앙심, 깊은 신뢰감으로 주위를 즐겁게 하기 위해 가장 멋들어지고 재치 있는 방법과 수단을 찾아낼줄 아는 재주

라프카디오 헌의 일본론

와 같은 매력을 지니고 있다. 옛날식 교육에 의해 준비되고 또 완성된 일본 여성은 그것을 가능케 한 신비로운 일본 사회에서만 비로소 이해받을 수 있을 것이다. ^{《봉건제의 완성》6}

하지만 이처럼 일본 여성만의 독특한 매력과 그것을 배양한 일본 사회의 신비로움을 강조하는 헌의 이국 취미적 태도는 그의 병적일 정도로 반서구적이고 반기독교적인 입장을 고려하건대 아무래도 서구 우월주의에 입각한 오리엔탈리즘과는 거리가 있는 듯싶다. 실제로 일본의 헌 연구자들은 대체로 헌을 서구 우월주의를 벗어난 사상가로 논하고 있다. 이에 반해 서구에서는 헌이 현대 과학 및 동양의 종교 교의에 대해 그것을 헤르더, 스펜서, 쿨랑주 등 서구 철학과 역사학의 잣대로 평가했다는 점에서 헌 일본 담론에 이미 서구 우월주의적 관점이 들어가 있다고 비판하는 연구자도 있다.[7] 이는 서양인이었던 헌으로서는 어쩔 수 없는 태생적 한계라고 보아야 할 것이다.

우리는 그 대신 헌의 오리엔탈리즘을 철저히 과거지향적인 복고적 이상주의와 결부되어 있는 것으로 볼 필요가 있다. 문명을 일종의 사기라고 생각한 헌은 문명화 이전의 고대 일본 사회를 이상향으로 설정한다. 예컨대 헌은 1893년 11월 니시다 센타로에게 보낸 편지에서 "나는 신 일본을 좋아할 수가 없습니다. 나

라프카디오 헌 일본 담론의 양의성

는 서양을 흉내 내는 것일 뿐인 점잔 빼는 태도로 덴표天子 시대[8]를 경멸하는 오만한 메이지 관료들이 싫습니다. 나의 소박한 생각에는, 선하고 고귀한 모든 것은 예전의 구 일본에 있었습니다. 시간의 흐름을 거슬러 올라갈 수만 있다면 이 메이지 일본을 영원히 떠나 저 덴표 시대로 혹은 1,400년 전의 유라쿠雄略 천황 시대로 되돌아가고 싶습니다"[9]라고 적고 있다. "선하고 고귀한 모든 것"이 고대 일본에 있다는 헌의 오리엔탈리즘은 모토오리 노리나가로 대표되는 국학적 발상과 일치하는 측면이 있다. 노리나가 국학은 존재하지도 않는 허구적인 일본을 이상화하기 위해 배제시켜야만 하는 현실의 타자中國과 한국를 '가라고코로漢意'라고 부르면서 그것을 모든 악의 근원으로 간주했다. 마찬가지로 헌은 그가 '요정의 나라' 등으로 묘사한 허구적인 일본을 이상화하기 위해 메이지 일본의 서양 흉내 내기를 모든 악의 화신으로 간주하면서 구 일본의 유토피아에서 추방하고 있다.

이와 같은 헌의 오리엔탈리즘은 하나의 '가면'을 쓰고 있다. 가면은 은폐와 표출이라는 양면성을 함축한다. 얼굴을 감추면서 동시에 얼굴을 재현하며, 혹은 무언가를 가리면서 무언가를 드러내는 것이 가면이기 때문이다. 레비스트로스C. Lévi-Strauss가 『가면들의 길the way of the Masks』에서 "가면은 그것이 말하는 것으로 이루어져 있을 뿐만 아니라 그것이 배제하는 것으로도 이루어져 있다"[10]고 지적했듯이, 가면은 항상 그것이 의미하는 것과 그것이 감추는 것을 동시에 지시한다. 마찬가지로 헌의 오리엔탈리즘은 서구 우월주의 또는 일본에 대한 경멸을 은폐하면서 일본의 신비 또는 일본에 대한 동경을 드러낸다. 그것은 하나의 전략적 가면이기도 하다. 가령 1884년 친구에게 보낸 편지에서 헌은 "성공하려고 생각한다면 누구라도 어느 한 가지에만 전력해야 합니다. 그래서 나는 이상한 것, 기묘한 것, 불가사의한 것, 이국적인 것, 기형적인 것에 대한 예찬을 서약한 것입니다"라고 적고 있다.

하지만 헌의 일본 담론에 내포되어 있는 이런 오리엔탈리즘의 가면은 궁극적으로 '내적 가면'을 지향한다. 우리는 누구도 가면을 벗을 수 없다. 그럼에도 인간은 한편으로 가면을 쓰고자 하는 욕망과 다른 한편으로 가면을 벗으려는 욕망 모두를 포기하고 싶어 하지 않는다. 모든 형태의 '내적 가면'은 이런 근원적인 욕망과 관계가 있다. 가면에는 어쩔 수 없이 분열된 자아를 살 수밖에 없는 우울한 인간 조건을 적극적으로 수용하면서 "지금과는 다른 존재가 되고 싶다는 인간의 욕망"[11]이 내재되어 있다고 여겨지기 때문이다. 그렇다면 헌의 일본 담론에서 '내적 가면'은 구체적으로 어떻게 나타나는가? 이와 관련하여 헌은 다음과 같이 적고 있다.

라프카디오 헌 일본 담론의 양의성

이런 세계의 밑바탕에 숨어 있는 심리적 신기함은 외관상으로 나타나는 신기함보다도 훨씬 더 놀랄 만한 것이다. …… 일본의 외면적 신비로움 속에는 아름다움이 충만해 있다. 하지만 마찬가지로 내면적 신비로움 속에도 그 자체의 아름다움이 있다. 그것은 서민의 일상생활 측면에 반영된 도덕적 아름다움이다.^{(기이함과 매력)12}

요컨대 헌은 일본의 외적 신비로부터 내적 신비를 읽어내고 싶어 했다. 그런 헌의 시선에 무엇보다 먼저 들어온 것은 차분한 품위와 순진무구한 정직성, 진심에서 비롯된 언동, 마음 깊은 곳에서 우러나오는 선량함 등의 덕목으로 묘사되는 일본인의 도덕적 우수성이다. 그리하여 헌은 "이렇게도 사람을 매혹하는 일본의 사회 상태는 진실로 아름다운 신기루 이상의 것을 만들어냈다. …… 구 일본은 이 나라에 비해 훨씬 진보해 있던 서구 사회가 몇백 년 동안이나 희망해왔던 최고의 도덕적 이상향에 훨씬 근접해 있었다"^{(성찰)13}든가 "구 일본에서는 도덕적 아름다움이 지적 아름다움보다 더 위대했다"^{(일본 문명의 천재성)14}는 극찬을 아끼지 않는다.

이상과 같은 헌의 오리엔탈리즘과 관련하여 한 가지 더 간과해서는 안 될 점이 있다. 그것은 헌이 저술 곳곳에서 일본을 동양과 동일시하는 글쓰기 스타일과 관계가 있다. 예컨대 헌은 일본동양에 대한 언급을 한 후 곧바로 동양일본을 언급하곤 한다. 이런 글 쓰기 스타일은 근대 일본에서 시라토리 구라키치白鳥庫吉, 1865~1942 로 대표되는 '동양사학'[15]의 성립과 불가분의 관계에 있는 '일본 적 오리엔탈리즘'[16]과 동전의 양면으로 연동할 가능성을 내포하 고 있다. 여기서 동양사학은 일본의 근대화가 오리엔탈리즘을 수반할 수밖에 없었던 왜곡된 구도를 가장 응축된 형태로 보여 주고 있다.[17] 이때 '동전의 양면'이라든가 '왜곡된 구도'라고 한 것 은, 일본은 동양의 일부이면서 다른 한편 "동양과 일본의 차이를 극한까지 밀어붙이는 동시에 '타자'로서의 서양을 일본의 이상이 반전된 모습으로 묘사"[18]했기 때문이다. 또한 '연동의 가능성'을 언급한 것은 헌도 동양사학도 공통적으로 서양으로부터 거리낌 없이 이탈하고자 한 점을 염두에 둔 말이다. 헌은 근대화를 향해 질주하는 '신 일본'을 싫어했지만, 그 배후에 깔려 있는 오리엔탈 리즘의 모순에 대해서는 감지하지 못했다.

게다가 헌과 시라토리는 앞의 제4장에서 언급한 스펜서를 매 개로 하여 묘하게 연결되어 있다. 스펜서는 군사형 사회와 문명 사회의 이원론을 주창하면서 세계사가 점진적으로 전자에서 후 자로 이동한다고 주장했는데, 시라토리 또한 이와 유사하게 세 계사를 두 개의 기본적인 문화 유형 즉 군사적인 무武의 북과 문 화적인 문文의 남이라는 '남북 이원론'을 제시한 바 있다.[19] 이와 아울러 시라토리는 "오래전 아시아 대륙문화북의 세력이 세계를 석권하여 시달리지 않은 곳이 없다시피 했는데, 서쪽에서는 오직 영국만이 그리고 동쪽에서는 오직 일본만이 그 세력권 바깥에 있었음을 알 수 있다"[20]고 말한다. 그리하여 "우리의 종교가 무엇이냐는 질문을 받는다면, 그것은 황실에 기반을 둔 것이라고 대답할 수 있다. …… 우리의 일본인다움 곧 야마토정신과 국민정신은 이런 믿음을 통해 배양된다"[21]라고 믿은 시라토리의 '동양사학'은 '일본에만 독자적인' 이원론의 통합을 역사적, 초역사적인 '국민적 본성=천황제'를 바탕으로 이루어내려는 지향성을 내포하고 있었다. 이는 아시아의 과거를 서양의 오리엔트에서부터 일본의 오리엔트로 전환한다는 것을 의미한다. 거기서 일본의 '동양'은 바로 서양의 정체성을 대신한 일본 중심의 전체성이었고 이른바 '대동아공영권'이란 그 귀착점에 다름 아니었다.

헌 글쓰기의 다의성

일본에 대해 말하는 헌의 글쓰기는 가령 그가 에노시마를 여행하면서 만난 일본의 자연에 관해 "바다와 태양 사이의 저 푸르고 성스럽고 고요한 하늘, 그것은 신성하고 영적인 하늘a sky spiritual as holiness이다. 거기에는 빛 자체와도 같은, 영혼처럼 순전하고 새하얀 구름이 떠 있다. 마치 꿈처럼 혹은 푸른 열반으로 녹아들어갈 듯한 보살의 영혼처럼 보이는 구름"(에노시마 편력)22이라고 묘사하듯이 무엇보다 문학적이고 시적이다. 이런 시적 글쓰기는 헌의 일본 담론이 많은 이들에게 감동을 주고 설득력을 가지는 요인 중의 하나일 것이다. 한 폭의 그림처럼 자연의 아름다움을 시적으로 표현할 줄 아는 헌의 도일은 일본에게 하나의 행운이었음에 분명하다. 나아가 헌의 문학적 글쓰기는 그의 뛰어난 저널리스트적 감각과 결합함으로써 상승효과를 증폭시키고 있다.

이와 관련하여 "일본인의 종교적, 일상적 생활에 대한 무한한 긍정에서 출발하는 헌의 일본인론은 일본 사회에 대한 종합적인 평가라기보다는 출판인의 감각에 기초한 출판 저널리즘적인 성격이 강했다"[23]는 분석은 일면 적절해 보인다. 하지만 '일본 사회에 대한 종합적인 평가'와 '출판저널리즘적인 성격'의 대비는 반드시 타당하다고만은 볼 수 없다. 저널리즘적 글쓰기라고 해서 모두 단편적인 것은 아니기 때문이다. 오히려 이 책은 헌의 일본 담론이 종교문제를 중심으로 일본 사회에 대한 종합적인 서술을 보여준다는 관점에 입각해 있다. 그럼에도 초기 헌 특히 『미지의 일본 견문기』는 미국 정기간행물에 게재를 목적으로 집필된 것인 만큼 주제도 광범위할 뿐만 아니라 단편적이고 주관적인 여행 인상기의 측면이 적지 않은 것이 사실이다.

그러나 헌 일본 담론의 총결산이라 할 만한 마지막 책 『일본』은 저널리즘적인 초기 작품들에 비해 비교적 상세하고 체계적인 학술적 글쓰기를 보여준다. 그런데 거기서 엿보이는 민속학적, 문화인류학적, 종교학적 관심은 일찍이 미국 시대에까지 거슬러 올라간다. 다시 말해 헌 글쓰기의 핵심에는 처음부터 민속=종교적 관심이 자리 잡았던 것이다. 헌은 뉴올리언스, 마르티니크, 일본 등지의 종교, 민속, 전설, 미신, 풍습 등에 깊은 흥미를 가지고 기록했다. 그에게 종교와 민속은 늘 국민성 이해의 수단이었다. 특히 도일한 후 헌은 점차 스쳐 지나가는 인상과 관찰을 적은 이국 취향적인 여행기를 넘어서서 일반인의 일상생활 속에 깃든 일본의 종교와 민속과 풍물을 기록했는데, 이는 문화인류학이나 종교학에서의 필드워크 자세와도 통한다. 그의 저술의 최종 목적은 『미지의 일본 견문기』 서문에 적은 것처럼 일본인의 정신생활, 종교, 미신, 사고방식, 일본인의 언행을 결정짓는 숨겨진 요인을 포착하는 데 있었다.

이 점을 높이 평가하는 다카기 다이칸은 "헌 일본 담론은 일본 민속 연구집이라 할 만큼 민속에 관한 언급이 많다. 즉 종교와 민속이야말로 헌 일본 담론의 두 축이다"[24]라고 지적한다. 실제로 헌은 기행문이나 체재기라는 형식 속에 일본의 종교, 민속, 풍습, 민간신앙, 미신, 동요, 전설, 괴담 등을 자연스럽게 녹여 수록하는 데 탁월한 솜씨를 보여주고 있다. 하지만 그렇다고 해서 헌을 종교학자라거나 인류학자 혹은 민속학자라고 부르는 데에는 다소 망설임이 있을 수 있겠다. 이는 단지 헌의 일본 담론이 학문적 엄밀성을 지니지 않았다는 이유 때문만은 아니다. 궁극적으로 헌이 추구한 것은 학문적 방법론이나 이론이라기보다는 종교적, 시적, 철학적인 통찰력에 있었기 때문이다. 단, 여기서는 일본 민속학과 헌의 연관성을 중심으로 그의 민속=종교적 관심이 어떤 특징을 함축하고 있는지를 생각해볼 필요가 있다.

일본 민속학의 아버지로 불리는 야나기타 구니오柳田國男가 민속학 연구를 시작하기 이전부터 일본에 관한 헌의 작품들은 이미 서구와 일본에서 널리 읽히고 있었다. 후대에 야나기타의 제자들이 일본 민속학에서 헌의 역할을 과소평가한 데 비해 정작 야나기타 자신은 헌을 높이 평가하고 있다. 가령 야나기타는『메이지-다이쇼 시대의 문화사』중 일본 가옥에 관해 논하는 대목에서 헌보다 더 잘 일본을 관찰하고 이해한 외국인은 없다고 말하는가 하면,『청년과 학문』1928에서는 헌의『미지의 일본 견문기』가 조상숭배 연구서인『일본』보다 훨씬 더 일본인의 정신성을 잘 파악했다고 적고 있다. 그는『일본』이 별로 마음에 들지 않았던 것이다. 왜일까? 어쩌면『일본』에서 헌이 전개한 조상숭배 담론의 틀이 야나기타의 그것과 잘 맞지 않았기 때문일 수도 있겠고, 혹은 헌의 일본 비판이 유난히 두드러지는『일본』의 논조에 공감하기 어려운 부분이 있었기 때문일지도 모르겠다. 어쨌거나 야나기타는 그 이유에 대해서는 전혀 밝히지 않은 채, 다만 서구의 어떤 재패놀로지스트보다도 가장 잘 일본을 이해한 헌조차도 마지막 저서에서 오류를 범하고 있음을 시사한다. 그 오류는 아마도 일본에 대한 서구 연구자들의 독단적인 관점을 가리키는 듯싶다.

하지만 야나기타가 보기에 민속과 여행기를 접목시킨 헌의 초기 저술들은 그런 오류에서 벗어난 것으로 여겨졌다. 야나기타가 그의 민속학에서 추구한 것은 과거가 현재 안에 살아 있는 그런 문화, 그리고 고대의 신앙과 이미지가 끊임없이 사람들의 마음속에 의미 있게 남아 있는 그런 문화, 옛 관습이 공동체 안에 보존되어 있는 그런 문화였다. 마키노 요코는 야나기타의 이런 지향성이 바로 헌의 초기 작품에 의해 영감을 받은 것이었다고 주장한다.[25] 그러나 헌의 초기 작품들은 정작 일본을 지나치게 신비화한 오리엔탈리즘의 오류에 깊이 연루되어 있으며,『일본』이야말로 그런 오류에서 다소 자유로운 작품이라 할 수 있다. 이 점에서 야나기타 민속학 또한 일본 문화의 독특성과 고유성에 집착하는 일본형 오리엔탈리즘의 오류와 무관해 보이지 않는다.

다른 한편 서민을 사랑한 헌의 민속=종교 연구는 어떤 의미에서는 이런 야나기타 구니오와 오리구치 시노부折口信夫의 선구적 존재임에 틀림없다. 그런데 헌은 무엇보다 문인이자 시인이었다. 이 점에서 세 사람은 유사성을 공유한다. 야나기타는 시인이기도 했고 오리구치는 가인이기도 했기 때문이다. 셋 모두 문학적 향기가 넘친다. 헌의 일본 연구가 사토라든가 체임벌린 등의 그것과 상이한 점이 여기에 있다. 이런 의미에서 야나기타가 『일본』보다 『미지의 일본 견문기』를 더 높이 평가한 것은 기본적

라프카디오 헌 일본 담론의 양의성

으로 글쓰기 양식의 차이와 밀접한 관계가 있어 보인다. 후자는 전자에 비해 확실히 문학적 글쓰기가 돋보이기 때문이다. 나아가 야나기타는 헌의 괴담 재화를 민속의 본질과 관련된 것으로 보고 그것을 일본 민속학의 근간으로 삼아 계승했다. 헌과 야나기타는 메이지의 근대화 시기에 서구적 가치관의 대체물로서 일본 민속을 추구하면서 구 일본적인 것 안에서 일본의 정체성을 보려 했다. 그뿐 아니라 둘은 구 일본적인 오랜 전승이나 습속이 단순한 잔존물이 아니라 현재에도 살아서 계승되고 있다는 데에 주목했다는 점에서도 공통점을 보여준다.

라프카디오 헌의 일본론

3   '모순'으로서의 라프카디오 헌

이와 같은 민속학적 글쓰기에서 잘 엿볼 수 있듯이 "구 일본에서는 도덕적 아름다움이 지적 아름다움보다 더 위대했다"^{(일본 문명의 천재성)26}고 믿은 헌은 메이지 이전의 미문명화된 구 일본을 이상시하는 한편, 문명이라는 것을 일종의 사기라고 여겨 문명개화를 추구한 신 일본에 대해서는 냉소적인 태도를 보였다. 이런 이분법적 태도 자체는 충분히 납득할 만하다. 하지만 헌은 근대적 실용 학문에 대해서는 결코 부정적이지 않았다. 가령 헌의 충실한 제자이자 조력자인 오타니 마사노부大谷正信가 영문학을 전공하고 싶다고 하자, 그는 적극적으로 반대 의사를 피력하면서 식물학, 화학, 토목학, 건축학 등의 근대적인 실용 학문을 하도록 강하게 권고했다.²⁷ 그럼에도 오타니는 결국 도쿄 제국대학 영문과에 진

235

라프카디오 헌 일본 담론의 양의성

학하고 말았지만, 어쨌든 병적일 정도로 근대 문명을 거부하면서도 제자에게는 근대적 실용 학문을 권고하는 헌의 태도는 분명 이율배반적이다.

이런 이율배반적 태도는 헌의 생애와 사상 곳곳에서 발견된다. 개인적인 지적 삶에서는 종종 진보적이고 윤리적인 태도를 보인 헌이었지만, 일본 사회 전체의 움직임과 흐름에 대해서는 대단히 보수적이고 감성적인 태도로 일관하면서 대외적으로 일본을 신비로운 나라로 소개하는 데에 집착하고 있다. 헌이 보편적인 인간애를 소유한 인물이라는 점은 분명하다. 하지만 그것은 어디까지나 개인적인 삶에 한정되어 있었다. 헌은 일면 사회문제, 국제문제, 전쟁관, 천황관 등에 대해서는 지극히 보수적이고 소극적인 태도로 일관하면서 기존의 메이지 이데올로기를 무비판적으로 수용하는 경향을 보여주었던 것이다.

가령 헌은 청일전쟁과 관련하여 친구에게 보낸 편지에서 "이번 전쟁은 뭐라 해도 추한 사건이다. 이로써 일본은 도쿠가와 이에야스 시대와 같이 완전한 독립국이 되겠지만, 그러나 그것이 일본에게 최선의 것일지 나로서는 확신할 수 없다"[28]라고 하여 청일전쟁에 대한 비판적 입장을 내비치면서도, 왜 그것이 "추한 사건"인지에 대한 구체적인 언급 없이 저술 전반에 걸쳐 대체로 청일전쟁의 의미와 문제점에 대해서는 그다지 의문을 제기하지 않는다. 다른 한편 1904년 9월 26일 자로 후지사키에게 보낸 편지글에서는 장남 가즈오—雄가 러일전쟁에 출정하는 일본 군인에게서 받은 선물에 대해 다음과 같이 적고 있다.

> 일본 군인들은 마을을 떠나기 전에 이웃집 아이들에게 장난감을 선물했습니다. 한 군인이 가즈오에게 진흙으로 만든 러시아 병사의 머리통을 주면서 "우리가 돌아올 때는 진짜를 가지고 와서 보여주겠다"고 말했습니다. 나는 그 기괴하고 재미있는funny 선물을 그 군인과 그 시대의 기념품으로서 고맙게 생각합니다.[29]

일본에서는 청일전쟁 때에도 이와 마찬가지로 긴 변발을 늘어뜨린 흙으로 만든 중국인의 머리 모형이 장난감으로 인기를 끌었다. 그런데 의외로 헌은 전쟁 상대국의 병사 머리를 장난감으로 만들어 어린 아이들에게 선물로 주며 즐기는 일본인의 기괴한 악취미에 대해 "재미있는 선물"이라며 별 거부감 없이 기술하고 있다. 헌 같이 시적이고 철학적인 정신을 가진 인물이 어떻게 이럴 수 있을까?

헌의 이율배반적인 태도는 무엇보다 그의 천황관에서 더욱 명백하게 드러난다. 헌의 천황관은 『일본』 제13장에서 잘 엿볼 수 있는데, 거기서 헌은 기원전 660년 초대 진무 천황에 의해 일본

국의 역사가 시작되었다든가 또는 202년 진구神功 황후가 조선을 정벌했다는 메이지 정부의 공식적인 주장에 대해 "사실과 신화의 혼동"[무가 권력의 흥륭]30이라고 규정하는 합리적이고 객관적인 이해를 보여준다. 그러면서도 헌은 "지난 2,500년간 연면히 이어져온 황통"[무가 권력의 흥륭]31이라는 표현을 함께 쓰고 있다. 이는 단순한 착각만은 아닌 듯싶다. 기본적으로 헌은 천황과 천황제에 대해 전혀 거부감이 없었기 때문이다. 가령 헌은 "천황 폐하를 위해 내 목숨을 던질 수 있다면 그것이 가장 큰 행복"이라고 말하는 제자 이시하라 기쿠타로에게 다음과 같이 답하고 있다.

천황을 공경하고 천황이 포고한 국법에 복종하며 천황이 일본국을 위해 자네의 생명을 요구할 경우에는 언제든지 몸과 마음을 바칠 각오를 가지는 것, 이것이 자네에게 가장 숭고한 사회적 의무라고 생각하네.[영어교사의 일기에서]32

어쩌면 헌은 생래적으로 천황과 천황제를 좋아했던 것일지도 모른다. 헌은 한편으로 '개인의 자유'를 옹호하면서도, 다른 한편으로는 『괴담』에서 찬미한 개미 공동체처럼 수장에게 절대 충성을 다하는 위계적 공동체를 동경하기도 했다. 요코하마에서 발행한 《재팬 위클리메일》지에 실린 기사 「시마네·큐슈에서」를 보면 헌은 "일본의 청소년이 천황 폐하의 어진영을 예배한다든지 그 이름을 제창한다든지 할 때에 보이는 경건한 태도만큼 충절을 보이는 아름다운 방법은 다시없을 것"이라고 절찬하면서 스펜서의 진화론적 입장에 서서 이런 일본인 특유의 경건성이 타고난 유전적 자질이라는 주장까지 펴고 있다. "일본 청소년들의 경우 이런 충의 정신은 부모와 조상들로부터 전해진 생래적인 것이다. 그것은 본능적이라 할 만큼 아름답다."[33]

헌은 체임벌린과는 달리 천황을 일본인의 심층에 잠자고 있는 신적, 종교적 존재이자 나아가 시간성을 초월한 추상적 존재로서 보았다. 가령 헌에 의하면 천황은 원래 "씨족 수령들의 총의에 의해 생겨난 최고 행정관이자 군사령관이자 종교적 제사장"이었는데, 후대에 "사제왕은 일체의 정치적 권력을 박탈당했다. 그럼에도 그 종교적 존엄성은 계속 유지되었다"[(무가 권력의 흥륭)34]는 것이다. 그리하여 헌은 무가武家 지배가 확립된 후에도 "일본 민족의 신앙에서 유일한 정통적, 합법적 지배자는 천자 즉 천황이었다. 아무리 혼란한 시대에도 이 태양의 자손은 민족적 숭배의 대상이었으며, 그의 거처인 황거는 일본 민족 신앙의 전당이었다"[(무가 권력의 흥륭)35]고 결론 지으면서, 천황과 천황제의 영속성을 사제왕이라는 측면 및 국민을 결집시키는 종교성에서 보고 있다. 한마디로 헌은 천황을 무엇보다 먼저 민속 종교의 신앙 대상으로 이

라프카디오 헌 일본 담론의 양의성

해한 것이다.

이런 이해는 이미 초기 『미지의 일본 견문기』에서부터 형성된 것이었다. 가령 거기서 헌은 천황에 관해 이렇게 적고 있다. "일본에서 이즈모 국조에 상당하는 숭배를 받아온 것은 인간과 태양의 중개인 역할을 하는 '태양의 후손日の御子'으로서의 '천자님天子様' 즉 천황뿐이다. 그러나 이런 천황 숭배는 살아 있는 인간에 대해서라기보다는 그런 인간과 관련된 꿈에 대해, 현실보다는 그 존칭에 대해 바쳐져온 것이다. 천황은 모습을 드러내지 않는 현인신現つ神, 아키쓰가미으로서, 지금까지 사람들 앞에 모습을 나타내지 않았다. 만일 그 얼굴을 보는 자는 생명을 잃게 될 거라는 민간신앙도 남아 있을 정도다. 모습을 드러내지 않는 만큼 신비적이므로 한층 천황의 신화성에 박차가 가해져왔다."[기즈키]36

이처럼 천황이 일차적으로 민속 종교 혹은 민족 종교의 신앙 대상이었다는 헌의 이해가 전적으로 틀린 것은 아니지만, 적어도 메이지 시대의 천황을 고려하건대 거기에는 결정적인 오류가 내포되어 있다. 예컨대 헌에게는 군신으로서 '새롭게 만들어진 천황 표상'에 대한 인식이 결여되어 있다. 언제나 서양 군복 차림에 훈장을 잔뜩 달고 있는 메이지 천황의 모습을 헌은 그가 근무한 학교에서의 어진영御眞影, 천황 및 황후의 초상화 사진 의례를 통해 늘 목도했을 터인데도, 그런 군신으로서의 천황상이 '새롭게 만들어진 전통'이라는 사실에 대해서는 직시하려 하지 않았다. 물론 헌은 당시의 국가신도를 '새로운 충의 종교'라고 표현하기도 한다. 하지만 그것은 어디까지나 고대의 '사자의 종교'에서 발달한 것으로 간주되고 있다.^{(충의 종교)37} 이와 마찬가지로 헌은 메이지 시대의 천황제를 현인신이라는 관점에서 일본 고래의 것이라고 착각했는지도 모르겠다. 하지만 메이지 천황이 점하는 사회적, 정치적 권력의 증대를 현실적으로 고려할 때, 천황을 일차적으로 민속 종교의 신앙 대상으로 보려 했던 헌의 시선은 명백히 하나의 공상이자 시대착오적인 것이라 아니 할 수 없다.

또한 천황을 민속 종교의 신앙 대상으로 본 헌의 이해는 기독교에 대한 그의 병적인 거부감과 밀접한 관계가 있다. 헌에게는 천황제는 곧 신도라는 도식이 존재한다. 가령 헌은 1891년 5월 마쓰에에서 체임벌린에게 보낸 편지에서 '천황제=신도'라는 생각을 밝히고 있다. "저는 72명의 학생들에게 어제 영작문 과제로 '이 세상에서 제군은 무엇을 가장 원하는가?'라는 물음을 부여했습니다. 답안 작문의 90퍼센트는 실질적으로 '우리의 신성한 천황을 위해 죽는 것'이라는 답변을 포함하고 있었습니다. 이것이 신도입니다. 숭고하고 아름다운 사념이지 않습니까? 제가 이런 것을 추구하여 신도를 사랑한다는 것에 대해 당신은 이상하게 생각하시겠지요."³⁸ 이때 헌에게 신도는 국민적 종교로서 기독교에 대치될 만한 것이었다. 다시 말해 천황제에 대한 헌의 긍정 배경에는 헌의 반기독교적 정서가 깔려 있었다. 하지만 여기서도 헌은 메이지기 천황제 이데올로기와 결부된 신도가 '새롭게 만들어진 전통'으로서의 국가신도에 다름 아니라는 사실을 간과하고 있다.

전쟁관과 천황관에서 엿볼 수 있는 이와 같은 이율배반적인 오류는 '개인의 자유'와 '집단주의적 질서' 사이에서 심하게 진동하는 헌의 국가관에서도 찾아볼 수 있다. "인류의 진보는 강자의 법칙을 부정함으로써 달성되어왔다. …… 또한 자유는 약자를 보호하고 불의를 강력하게 제어함으로써 유지되어왔다"[성찰][39]고 말하는 헌은 놀랍게도 "일본에 유일하고 가장 바람직한 것은 전제정치로 복귀하는 것"[40]이라며 향후 군국주의 파시즘의 전체주의에 편승하는 예견을 하기도 했다. 심지어 그는 당시 의회민주주의의 가능성에 대해 부정적인 입장에서 다음과 같이 봉건시대 영주의 재집권을 희망한다는 기이한 견해를 제시하기도 한다. "만세! 의회가 해산되었습니다! 저는 군벌파가 권력을 잡았으면 합니다. 이에야스나 이에미쓰와 같은 장군이 출현하여 이 지진의 나라, 변동의 국가에 하나의 견고한 질서가 수립되기를 희망합니다."[41]

이로 보건대 개인적으로는 도덕적이며 인간에 대한 사랑과 연민이 풍부했던 헌이었지만, 일본이라는 사회의 향방을 객관적으로 조망할 수 있는 능력을 갖추었는지에 대해서는 의구심이 들지 않을 수 없다. 헌은 종교의 문제에서 서구 우월주의적이고 기독교 중심적인 제국주의적 태도에서 대단히 자유롭다. 그것은 지식인으로서 바람직한 자세임에 틀림없지만, 지나치게 반서구적, 반기독교적 정서에 사로잡힌 나머지 역으로 신도라든가 천황제 및 근대 일본이 수행한 대외전쟁이 가지는 사회적 의미와 파장에 대해서는 냉정한 평가를 내리는 데에 성공적이지 못했다. 신도와 천황제에 대한 그의 견해는 군국주의를 추구하던 일본의 세력들에게는 대단히 우호적이고 친일적인 것이었겠지만, 그 반대편의 억압받는 일본 민중 및 당시 한국인을 비롯한 피식민지인의 관점에서는 수용하기 어려운 측면을 다수 내포하고 있었다.

이상에서 지적한 헌의 이율배반적 측면들은 그가 안고 있던 시대적 한계뿐만 아니라 그의 개인적인 한계와 겹치면서 다양한 방식으로 헌 일본 담론의 모호한 특성을 규정하고 있다. 가령 14년이라는 긴 세월 동안 일본에 체재하면서도 일본어 문헌을 읽지 못했던 언어적 한계를 비롯하여, 낭만적 이상주의의 과잉, 진화론적 관점, 유전학적 결정론, 인터내셔널리즘[42]과 내셔널리즘의 병존, 신사 신도와 국가신도의 혼동에 이르기까지 헌은 곳곳에서

243

라프카디오 헌 일본 담론의 양의성

한계를 노출하고 있다. 게다가 흥미롭게도 헌은 메이지 일본의 성공적인 근대화와 관련하여 그것을 일본인의 뇌가 변화에 쉽게 적응한다는 생리학적 측면에서 다음과 같이 설명하고 있다.

> 일본이 세계에서 가장 특별하고 비범한 나라인 것은 바로 이런 점에서다. 즉 서구화의 전체 과정에서 가장 놀라운 것은 이 민족의 뇌가 매우 무거워서 충격을 잘 견딘다는 점이다. (일본 문명의 천재성)43

그리하여 변화에 잘 적응하는 특별한 능력을 가진 일본인들은 특정 과학 분야 및 특히 전쟁, 조직력, 정책 등에서 우수한 성향을 타고났다고 말한다. 이런 식의 설명이 당시의 시대적 조류에서는 받아들여지는 측면도 있었던 모양이다. 그러나 오늘날의 관점에서 보자면 이와 같은 유전학적, 인종학적 설명은 보편적인 설득력을 가질 수 없으며, 단지 헌 일본 담론의 근원적인 한계성을 보여주는 장면 그 이상도 이하도 아닐 것이다.

한편 프랑스 문화와 크레올 문화를 깊이 이해했던 그리스=아일랜드계 영국인으로서 미국 작가로 활동하다가 일본인으로 생애를 마감한 헌의 인격 형성에는 그리스 정교, 영국국교회, 가톨릭 등의 요소가 혼합되어 있으며, 그리스적인 것, 이탈리아적인 것, 아일랜드적인 것, 프랑스적인 것, 미국 남부적인 것이 섞여

라프카디오 헌의 일본론

하나의 신크레티즘을 이루고 있다. 이런 헌에 대해 장남 가즈오는 '모순'이라는 표현을 쓰면서 "무척이나 동정심이 깊으면서도 잔인한 면도 있었으며, 여성 혐오적이면서도 여성을 좋아했고, 귀족적이면서도 평민적이었다. 우정이 깊으면서도 친구에게 냉담하기도 했으며, 일본을 좋아하면서도 실은 일본을 혐오하기도 했다. 마쓰리祭의 시끄러움을 정말 싫었다고 말하면서도 그걸 즐겼다. 도학자적인 완고함과 서글서글한 해학, 정직함과 거짓말쟁이, 이런 것들이 뒤섞여 있어 너무도 복잡기괴한 성격이었다"고 회고한다.[44]

이런 모순은 특히 구마모토 시절1891~1894에 쓴 편지글에서도 많이 읽어낼 수 있다. 가령 1894년 5월 16일 자 편지에서 헌은 "나는 지긋지긋한horrible 곳을 낙원의 정원처럼 묘사했으며, 진저리 나는horrid 사람들을 천사나 신적 존재처럼 묘사했었다"[45]고 적고 있다. 헌은 처음에는 과도한 이상화에 입각한 열정을 보이다가 다음에는 깊은 환멸을 느낀다. 이는 체임벌린에 대한 급작스러운 절교 선언에서 엿볼 수 있는 괴팍스러운 지우 관계에서뿐 아니라 일본에 대해서도 마찬가지 패턴을 보여준다. 헌이 '국화와 칼'로 상징되는 모순적인 일본인을 잘 이해할 수 있었던 것은 그 자신이 모순에 찬 사람이었기 때문일지도 모르겠다. 실은 헌 스스로도 동생에게 보낸 한 편지글에서 자기 안의 모순을 다음

라프카디오 헌 일본 담론의 양의성

과 같이 고백하고 있다.

나는 언제나 두 개의 영혼이 있는 것 같은 느낌이 든다. 하나는 모반의 마음이다. 제어하지 못하고 지배를 미워하고 무엇보다 규칙적인 것과 정돈된 것을 싫어하며, 앞뒤 가리지 않고 애증의 감정이 강하다. 다른 하나는 인내하고 자중하는 마음이다.[46]

그렇다면 '이 모순에 찬 헌의 일본 사랑을 어떻게 신뢰할 수 있을까'라는 물음이 끝내 남을 수밖에 없다.

라프카디오 헌의 일본론

종장

종교와
개인의 문제

초기 헌의 일본관에 두드러진 오리엔탈리즘적 환상은 후기 헌의 경우 상당 부분 수정되고 있다. 가령 헌은 최초의 저술 『미지의 일본 견문기』에서 "나는 이즈모에 와서 14개월을 보냈다. 그럼에도 격앙하며 고함치는 사람들의 소리를 들어본 적이 없다. 도시에서 싸움을 목격한 적도 없다. 남자가 다른 남자를 세게 때리는 것도 본 적이 없으며, 여자를 괴롭히거나 아이를 때리는 것도 본 적이 없다"[미호꽂][1]고 적고 있지만, 마지막 저술인 『일본』에서는 이와 같은 일본인의 예의 바름, 싸움 기피, 미소의 신비가 수천 년간 일본 사회의 강압에 의해 역사적으로 형성된 것임을 분명히 밝히고 있다. 헌에 의하면 이때 일본 사회의 강압은 개인에게서 도덕적 자유를 박탈하고 명령에 대한 무제한적 복종을 강요하는 위상급자로부터의 압력, 개인이 자기 이익을 위해 자발적으로 자신의 권리를 억제하도록 만드는 주위동료로부터의 압력, 타인의

종교와 개인의 문제

행동을 지도할 때 전통을 준수하게 하고 새로운 발상은 삼가도록 하는 밑으로부터의 압력 등 세 가지로 구분된다.[전 시대의 유물]2 이는 한마디로 '세켄世間으로부터의 압력'이라고 요약할 수 있겠는데, 헌은 이 중 개인의 복종을 강요하는 위로부터의 압력과 관련하여 가정 내 억압제1형식, 경쟁하는 권리에 대한 집단적 억압제2형식, 관리가 개인에게 가하는 억압제3형식 등을 거론하기도 한다.[현대의 억압]3 흥미롭게도 헌은 이런 여러 형태의 강압이 모두 사자死者와 밀접한 관계가 있음을 시사한다. "과거 무수한 세대에 걸쳐 사자는 일본인의 삶에 드리워진 불가시적인 중압이었다."[산업의 위기]4

헌은 일본인만큼 복종심과 충성심이 강한 민족은 다시 찾아보기 힘들다고 말한다. 그리하여 오늘날 일본인은 가족의 것이자 집단의 것이며 정부의 것이 되어 있다. 그는 사생활에서는 관습에 속박되어 있으며 공적으로는 오로지 명령에 따라 행동해야만 한다. 명령을 어기려는 충동에 굴복하는 것은 그 충동이 아무리 크고 고결하며 도리에 맞는 것이라 해도 꿈에도 생각할 수 없다. 그런데도 "불평하는 자는 많지 않다. 일반 국민의 소박한 복종심은 측은할 정도로 감동적이다."[현대의 억압]5 아주 오랜 옛날부터 일반 서민들의 마음속에는 권위에 대한 절대복종이 일반적인 의무라는 확신이 견고하게 형성되어 있었다. 그런데 헌이 보기에 이 확신에는 또 하나의 확신이 연결되어 있다. 즉 일본인에게는 천황의 신성한 권위를 제외한다면 특이한 상황하에서 권위에 저항하는 것도 하나의 의무라는 확신이 있다는 것이다. 이 점에서 일본의 진정한 힘은 위로부터 작용하는 것이 아니라 밑에서부터 솟구쳐 나오는 것이라는 주장에는 일면의 진실이 담겨 있다. 거기서 상위자의 권위는 밑으로부터 밀고 올라오는 저항력에 의해 많든 적든 제한되어 있다. 일반 서민들은 어디에서라도 일상적으로 행해지는 권력에 대해서는 복종심을 보였지만, 일상적이지 않은 권력에 대해서는 언제라도 그것을 거부할 비상한 각오가 있었던 것이다.^{(현대의 억압)6} 이처럼 헌은 일본인의 복종과 저항을 동전의 양면으로 이해하고 있는데, 그는 거기서 잇코잇키一向一揆 이래 근대 일본 초기에까지 빈번하게 일어났던 잇키농민 봉기의 역사를 염두에 두고 있다.

그럼에도 평상시에는 "세계에서 가장 유순하고 순종적이고 지도하기 쉬운"^{(일본인의 미소)7} 국민으로 고정되어버린 일본인들은 현재도 여전히 제멋대로 행동할 수 없다. 누구든 아직도 자신의 시간과 활동과 재력을 완전히 자기 것으로 만들지 못했다. 지금도 여전히 세켄의 강력한 지배를 받는 일본인들은 세상의 일반적인 의견에 반대되는 법률상의 권리를 요구하는 일은 꿈에도 생각하지 못할 것이다. 달리 말하자면 일본에서는 지금도 서양적 의미에서 독립적이고 자율적인 개인은 여전히 인정되지 못하고 있

종교와 개인의 문제

다. 물론 개인은 고체 속의 원자처럼 진동할 수 있다. 그러나 그 진동의 궤도는 고정되어 있으며^{(전 시대의 유물)8} 그 결과 "일본인의 생활에서 프라이버시는 거의 존재하지 않는다."^{(호키에서 오키로)9} 영어교사로서의 오랜 경험은 헌에게 이 점을 더욱 확증시켜주었다. 즉 헌이 보기에 일본 학생들이 쓴 영작문에는 일개인보다는 일본인으로서의 국민적 감정이 두드러지게 나타난다. 거기에는 집단적인 정서가 지배적일 뿐, 글 속에 개성이 존재하지 않는다. 이 점에 놀란 헌은 일반적으로 일본 학생들은 독창적이지 못하다는 결론에 이른다.

헌의 독창성은 이런 개인의 문제를 종교의 문제와 결부시키고 있다는 점이다. 즉 기본적으로 일본에서 개인은 어디까지나 사자의 지배를 받는 '가정의 종교'에 입각하여 집과 가족, 선조, 주군, 천황, 그리고 나라를 위해 목숨까지 버릴 각오가 되어 있지 않으면 안 된다. '이에家'를 떠난 개인은 있을 수 없으며 거기에 개인의 자유는 주어지지 않았다는 것이다. 이처럼 개인의 자유가 미성숙한 일본 사회에서는 아무리 개인이 우수해도 그 존재 가치를 인정받지 못하고 있다. 조직에서 돋보이는 일본인의 비상한 능력은 어쩌면 민주주의의 기반인 개인의 부재와 밀접한 관계가 있을지도 모른다. "사회조직에서 나타나는 일본인의 이상한 능력은 실은 그들이 근대 정치의 어떤 민주주의 형태에도 적합하지 못함을 가장 잘 보여주는 명백한 증거이다."^(사회조직)**10** 이런 '개인의 부재'의 문제를 극복할 수 있는 대안과 관련하여 헌은 일본 사회에 등장한 새로운 흐름에 주목한다.

> 퍼시벌 로웰의 『극동의 혼』에서 깊은 감명을 받았기 때문이겠지만, 근래 일본에서 '개인주의라는 복음Gospel of Individualism'이 절박하게 필요하다고 말하는 자들이 상당히 많아졌다. 그리고 많은 경건한 신자들은 일본이 기독교로 개종하는 것이 개인주의의 산출에 충분한 역할을 할 것이라고 생각한다.^(성찰)**11**

그러나 기독교는 결코 대안이 될 수 없다는 것이 헌의 단호한 입장이다. 제국주의적인 서구 세계가 "기독교와 계몽의 이름으로 이방인들에게 가한 침략을 윤리적으로 정당화시킬 수는 없다"^(성찰)**12**고 여긴 헌은 "일본이 서양 종교를 채용하는 날, 태고 이래 일본의 황통은 끝날 것이라고 생각한다"^(성찰)**13**고 단언하기까지 한다. 여기서 더 나아가 헌은 "고대 그리스의 사회주의적 전제보다도 훨씬 더 가혹한 것으로, 무사계급의 전제주의와 이중으로 중첩된 가장 지독한 형태의 종교적 공산주의"^(사회조직)**14**였던 구 일본의 사회시스템이 가장 겸허하고 절대적인 복종을 강요하면서 공사 생활의 말단에 이르기까지 아주 세세하게 일본인을 규제함

종교와 개인의 문제

으로써 개성적 인격을 완전히 억압했지만, 그런 강제는 외부에서 비롯된 것이 아니라 자발적인 것이었다고 결론짓는다. 바로 이 지점에서 퍼시벌 로웰의 이른바 19세기적 문명사관에 대해 전개한 헌의 반론[미소]이 개인의 문제에 대한 하나의 역설적 대안으로서 재정립된다. 즉 서양이 자랑하는 자아의식과 개성 존중이 반드시 인간성의 발달을 의미하는 것은 아니다. 그것은 오히려 불쾌하기 짝이 없는 강력한 이기주의의 현현에 불과하다. 이에 반해 일본 문화의 부정적인 측면으로 말해지는 '개인의 부재' 혹은 '개성의 결여'야말로 의미 있는 장점이 될 수 있다는 것이다. 헌은 이와 같은 몰개성론의 역설을 주창하면서 '일본인의 불가해한 미소'를 서양적 근대성에 대한 상징적인 안티테제로서 제시하고 있다. 나아가 서구적 개인주의를 비판하는 이런 '근대의 초극'론 위에서 가장 드라마틱한 헌의 반전이 그 모습을 드러내기에 이른다.

구 일본이 남긴 유산의 경이로움과 아름다움은 그것들이 어떤 조건 하에서 만들어진 것인지를 알게 된다 해도 전혀 줄어들지 않는다. 가령 일본인의 예의 바름이 천년 동안 칼끝 아래서 육성된 것임을 안다 해도 그들의 친절과 우아한 예절은 여전히 우리를 매혹한다. 겨우 몇 년 전까지만 해도 거의 모든 해안가와 강변에서 볼 수 있던 저 예절 바름, 싸움이 없는 평화로움은 실은 몇 세대 동안 사람들 사이에서 일어나는 싸움을 엄벌에 처했기 때문이라는 것, 또한 그런 엄벌과 금지를 필요하게 만든 복수의 풍습이 사람들로 하여금 언동을 조심하도록 만들었다는 것을 알게 된다고 해서 그 아름다운 풍속의 상쾌함이 옅어지는 것도 아니다. 지금은 일반적으로 누구 한테서나 찾아볼 수 있는 미소지만, 과거 피지배 계층의 경우 어떤 어려운 상황에서도 미소를 짓지 않으면 생명이 위협 당하던 시대가 있었다는 이야기를 들었다고 해서 그 매력이 사라지는 것은 아니다. 또한 고풍스러운 가정 예법을 배운 일본 여성은 이미 사라져 버린 과거 세계의 도덕적 이상을 대표하는 존재일 뿐이며 그런 여성이 키워지기까지 헤아릴 수 없는 고통과 희생을 대가로 지불하지 않으면 안 되었다는 사실을 서양인들이 잘 이해할 수 없다 해서, 일본 여성의 아름다움이 감소되는 것도 아니다. …… 예술가 또는 시인의 정신은 일찍이 저 동화 같은 나라 일본을 지배하여 그 혼을 만들어낸 저 무수한 금지와 억압을 도저히 참을 수 없지만, 그들이 만들어낸 최상의 결과, 가령 옛 관습들의 단순소박성, 사랑스러운 예절, 접객 시의 세심하고 용의주도한 마음 씀씀이 같은 풍아한 습관들, 어떤 상황에서든 겉으로는 항상 가장 밝고 최상의 모습만을 드러내 보여주는 신기한 힘 등에 대해서는 감탄하고 또 사랑하지 않을 수 없다. ^{(성찰)15}

"진실로 아름다운 신기루 이상의 것"을 만들어낸 매혹적인 구 일본에 대해 "그보다 훨씬 진보해 있던 서구 사회가 몇백 년 동안이나 희망해왔던 최고 도덕적 이상향에 훨씬 근접해 있었다"[성찰]고 믿은 헌은 자신이 본 이런 일본이 환상일 수 있다는 사실을 자각하고 있었다. "서양인은 '요정의 선경'을 향해 떠나는 동화 속 유랑자와 비슷하게 일본의 환상에 홀려 있는 자신을 발견한다. 그곳에는 환영이 있다."[성찰]16 그럼에도 헌은 일본인의 모든 덕목들이 설령 이런 환상에 불과하더라도, 그리고 그 환상이 인류 역사상 유례없는 가혹한 억압의 산물이라 할지라도 그 경이로움과 아름다움의 본질은 조금도 손상 받지 않는다고 말한다. 이런 반전은 오리엔탈리즘을 비롯하여 일본과 일본인의 특질에 대한 모든 비판을 한순간에 무화시킬 만한 최상의 찬사라 아니할 수 없다. 다소 장황한 위 인용문에서 헌은 놀랄 만큼 냉정하고 자각적인 방식으로 그의 일본 체험을 요약함으로써 이방인 관찰자가 타문화에 대해 내릴 수 있는 진단의 종점에 도달한 듯이 보인다. 그것은 헌이 안고 있는 모든 '모순'의 종점이기도 하다. 더는 올라갈 곳이 없어 보이는 이 고원의 꼭짓점에서 헌은 일본의 장래에 대해 신랄하면서도 애정 어린 경고와 기대의 말을 잊지 않는다. 이때의 경고가 개인의 문제와 결부되어 있음은 말할 나위 없다.

모두가 예절 바르고, 싸우는 사람도 없고, 모두가 미소 짓고, 고통이나 슬픔을 겉으로 드러내지 않고, 신시대의 경찰이 할 일이 없다는 것은 일본인이 도덕적으로 뛰어난 인종임을 증명한다. 하지만 훈련받은 사회학자가 보기에, 그것은 다른 어떤 것, 즉 매우 끔찍한 어떤 것을 증명해 보여주는 덕성일 수도 있다. 가령 이는 일본 사회가 엄청난 강제와 억압 아래 형성되어왔으며, 그 억압은 천수백 년 동안 아무런 방해도 받지 않은 채 행해져왔음에 틀림없다는 것을 보여준다. 그는 일본 사회에서 윤리와 관습이 아직 분리되지 않았음을, 그래서 거기서는 한 개인의 행동이 다른 사람들의 의지에 의해 규제받아왔음을 즉각 알아차릴 것이다. 그는 그런 사회에서는 개인성이나 개성이 발달될 수 없다는 점, 그래서 어떠한 개인적인 뛰어남도 주장될 수 없고 따라서 어떠한 경쟁도 용인되지 않는다는 점을 알게 될 것이다.^{(전 시대의 유물)17}

한편으로 구 일본이 도달한 고도의 윤리적 상태가 개인의 자유의 부재가 낳은 산물임을 인식하고 있었던 헌은 다른 한편으로 당대의 신 일본에서 이와 같은 "개인의 자유의 결여가 국가적 위기에까지 이르렀음은 분명하다"^{(산업의 위기)18}고 지적한다. 이는 봉건사회의 지속을 가능케 했던 무조건적인 복종, 충, 권위에 대한 존경의 관습이 자칫하면 진정한 민주주의의 성립을 불가능하

종교와 개인의 문제

게 하고 오히려 무정부 상태를 초래할 경향이 있기 때문이라는 것이다. 헌이 보기에 개인의 자유를 억압하거나 그 억압을 방치하는 사회는 여전히 완고하고 고루하므로 개인의 자유를 엄중히 유지하는 사회와 경쟁하는 것은 도저히 불가능하다. 따라서 일본이 집단적으로 생각하고 행동하는 한, 일본은 언제나 전력을 발휘하기 어려운 상태를 계속해갈 것이 틀림없으며 장래 국제 경쟁무대 진출에도 부적당하다. 아니, 오히려 그것은 경우에 따라서는 일본의 미래에 무거운 짐을 부과할 것이다. 그리하여 헌은 일본이 약자를 억압하거나 착취하는 자유 이외의 더 많은 자유, 타자뿐 아니라 자기 자신을 위해 생각하고 행동하고 노력하는 자유를 필요로 한다고 충고한다.^{(산업의 위기)19}

그러나 헌은 일본이 직면한 이런 개인의 문제가 풀리기 어려운 딜레마라는 점도 잘 알고 있었다. 그리하여 헌은 "이 모든 문제 가운데 가장 어려운 문제가 풀리지 않은 채 남아 있다. "일본의 성공은 모두 옛 신도와 관련된 의무와 복종의 이상에 의해 지지되어온 무사^{無私}의 집단적 행동양식_{unselfish collective action}을 통해 획득된 것이지만, 이 나라 산업의 장래는 이와는 정반대의 이기적인 개인적 행동양식_{egoistic individual action}에 달려 있다"^{(성찰)20}고 주장한다. 하지만 그렇다고 해서 이것이 신도의 소멸을 뜻하는 것은 아니다. "옛날의 신을 신으로서 믿는 것은 서서히 없어져갈

라프카디오 헌의 일본론

것이다. 그러나 신도는 '조국의 종교'이자 '영웅과 애국자의 종교'로서 연명해갈 것"[성찰]21이기 때문이다. 물론 이런 예측은 분명한 한계를 노정한다. 거기에는 신도와 내셔널리즘의 결합이 초래할 위험성에 대한 인식이 결여되어 있기 때문이다. 이와 같은 한계는 헌으로 하여금 신도의 장래에 대해 근거 없는 낙관적 기대를 품게 만들었다.

애국심의 종교로서의 신도는 공정한 경쟁하에서라면, 전 극동 아시아 지역의 운명뿐 아니라 문화의 장래에도 영향을 미칠 만한 힘이 될 것이다. 일본인을 논하면서 그들이 종교에 무관심하다고 말하는 것은 가장 터무니없는 논리다. 종교는 옛날에 그러했듯이 지금도 여전히 일본 국민의 생명 그 자체, 모든 행동의 동기이자 지도력인 것이다. 즉 그것은 '행동과 인고의 종교'이며 '빈말과 위선이 없는 종교'이다.[성찰]22

현재의 관점에서 보자면 신도가 "전 극동 아시아 지역의 운명뿐 아니라 문화의 장래에도 영향을 미칠 만한 힘이 될 것"이라는 헌의 기대는 전혀 엉뚱한 낙관론에 지나지 않는다. 단, 헌이 신도를 일본 종교를 대표하는 상징으로 간주하면서 오늘날에도 상식처럼 되어 있는 '일본인은 무종교'라는 일반적 인식이 오류임을

지적한 대목은 눈여겨볼 만하다. 나아가 주체와 객체 사이에 가로놓여 있는 모든 공간적, 인식론적 거리의 무화를 통해 공동 감정의 무한한 확장을 추구하는 일본적 미의식 즉 '모노노아와레物の哀れ'[23]를 연상시키는 다음과 같은 기대 또한 낙관론의 덫을 감수하면서까지 필사적으로 일본이라는 타자에게 말 걸기를 멈추지 않으려는 헌의 진정 어린 보편적 희구로서 진지하게 귀 기울여 봄직하다.

우리는 참으로 개인을 인정하기를 거부한 사회적 훈육의 결과에 매혹되고 있는가? 우리는 참으로 개성의 억압을 강요한 종교에 마음을 빼앗기고 있는가? 아니다. 일본의 매력은 이런 과거의 비전이 과거나 현재 이상의 것을 우리에게 재현한다는 점, 그리고 그것이 완전한 동감perfect sympathy의 세계 안에서 보다 고차적인 미래의 가능성을 예시한다는 점에 있다. 수천 년이 지난 뒤 인류는 저 구 일본의 이상, 가령 본능적인 무사無私, 다른 사람을 행복하게 하는 데서 인생의 기쁨을 찾아내려는 공통된 욕망, 도덕적 아름다움에 대한 우주적 감각 등에 의해 미리 형상화된 저 윤리적 조건들을 성취할 수 있을 만큼 진화할 것이다.(성찰)[24]

맺음말

1904년 9월 26일, 헌은 이른 아침부터 서재에서 담배를 피우고 있었다. 6시 반경 아내가 들어서자 헌은 "간밤에 아주 기이한 꿈을 꾸었습니다, 아주 멀고 먼 여행을 했습니다. 지금은 여기서 이렇게 담배를 피우고 있는데, 여행한 것이 정말인지요, 저 꿈의 세상 속에서. 거기는 서양도 아니고 일본도 아닌 기이한 곳입니다"라고 말한다.[1] 삶의 여행은 그가 어떤 삶을 살았든지 하나의 투쟁이다. 헌은 삶의 여정에서 무엇과 싸웠던 것일까? 서구 근대성? 기독교? 서구 우월주의? 신 일본? 하지만 그 여정의 끝자락에서 헌이 본 것은 서양도 일본도 아닌 전혀 다른 곳이었다. 이는 우리로 하여금 헌의 투쟁이 끝내 풀 수 없는 투쟁 혹은 이길 수 없는 싸움이었음을 상상케 한다. 거기서 중요한 것은 투쟁 대상이 무엇이었느냐보다는 얼마만큼 치열하게 싸웠느냐 하는 데에 있을 것이다.

『동국에서』에 나오는 어떤 노승과의 대화 장면에서 헌은 "서양의 많은 이들이 늘 고뇌하는 큰 문제가 세 가지 있습니다. '어디에서?' '어디로?' '왜?'가 그것입니다. 즉 '생명은 어디에서 와서 어디로 가는 것일까? 생명이 존재하는 이유는 무엇이며 생명들은 왜 고뇌하는 것일까?'라는 문제입니다"[요코하마에서]라고 말한다. 고갱의 유명한 그림 〈우리는……〉을 연상시키는 이 물음은 바로 헌 자신이 평생 씨름했던 고뇌와의 투쟁을 표명한 것임에 틀림없다. 일본과 헌의 만남 또한 그런 투쟁의 노정에서 이루어진 것이었다. 우리는 재패놀로지스트로서 그의 후반부 생애가 참으로 치열한 것이었음을 부정할 수 없다. 어떻게 그럴 수 있었을까? 아마도 일본에 대한 그의 사랑이 이 물음에 대한 대답의 하나가 될 수 있을 것이다. 하지만 모든 사랑은 어느 정도 환상의 옷을 입지 않을 수 없는 운명에 처해 있다.

1890년 비스랜드에게 보낸 편지에서 "나는 일본과 이 나라의 가련하고 소박한 서민들을 사랑합니다. 그들은 신성합니다. 일본인들의 천진난만한 본연의 매력은 세계 어느 나라에서도 그 유례를 찾아볼 수 없습니다. 지금까지 쓰인 어떤 책에서도 이런 일본인의 매력에 대해 말한 적은 아직 없습니다. 나는 이 나라 사람들이 믿는 신들을 사랑합니다. 그들의 풍습과 의복, 작은 새가 지저귀는 것 같은 노래와 그 장단, 주택과 미신, 그리고 그들의 단점까지도 사랑합니다. …… 저의 유일한 소원은 일본인 아이로 다시 태어나는 것입니다[2]라고 적고 있는 헌은 아내 세쓰에게도 "나는 일본인보다 더 진정으로 일본을 사랑한다"고 말한 적이 있다. 만일 이 환상적인 그의 꿈이 이루어져 헌이 일본 아이로 환생하여 1904년 이후 패전에 이르기까지 일본이 어떤 길을 걸었는지를 보았다면, 그는 사랑의 환상이 너무도 깨어지기 쉬운 거울 같은 것임을 새삼 깨닫지 않을 수 없었을 것이다.

그럼에도 헌은 '행복한 재패놀로지스트'였음에 분명하다. 이런저런 이율배반과 모순된 사유 속에서 종종 오리엔탈리즘의 낭만에 사로잡히거나 때로 절망적인 혐오감에 빠졌을지언정, 자신이 연구하는 대상에 대한 고뇌와 기대를 끝까지 포기하지 않은 채 깊이 혹은 무모하리만치 사랑할 수 있었으므로. 어쩌면 종교로 일본을 읽고자 했던 헌에게 가장 궁극적인 종교는 바로 일본에 대한 애증으로서의 사랑이었을지도 모르겠다. 이런 헌과의 조우는 일본에게도 크나큰 행운이었을 것이다. 지금까지도 많은 일본인들이 헌을 무모하리만치 사랑하는 것의 함정에도 불구하고 말이다.

주석

서장

1 루스 베네딕트(2008), 『국화와 칼』, 391쪽.

2 '크레올'은 종주국이 아닌 식민지 태생을 의미하거나 또는 프랑스 식민지에서 프랑스에 동화하여 프랑스 시민권을 취득한 식민지 출신자를 가리킨다.

3 Askew(2007), "The politics of nostalgia", p.131.

4 Bisland(1906), *The Life and Letters of Lafcadio Hearn* II, p.58.

5 Bisland(1910), *The Japanese Letters of Lafcadio Hearn*, p.35.

6 Bisland(1906), *The Life and Letters of Lafcadio Hearn* II, p.174.

7 Bisland(1910), "The Japanese Letters of Lafcadio Hearn", p.213. 그러나 어떤 이유에서인지 비스랜드는 이 구절을 단행본 *The Japanese Letters of Lafcadio Hearn*(1910)에는 누락시켰다.

8 濱川博(1979), 『風狂の詩人』, 154쪽에서 재인용.

9 퓌스텔 드 쿨랑주(2000), 『고대도시』, 특히 제2장 「가족」과 제3장 「도시」를 참조할 것.

10 Hearn(1904), *Japan*, pp.4~5.

11 Bisland(1906), *The Life and Letters of Lafcadio Hearn* II, p.64.

1장

1 高木大幹(1986), 『小泉八雲』, 112쪽.

2 Bisland(1910), *The Japanese Letters of Lafcadio Hearn*, p.35.

3 Ota(1998), *Basil Hall Chamberlain*, p.135에서 재인용.

4 Hearn(1894), "The future of the far east", p.10.

5 小泉節子(1970), 「思い出の記」, 369쪽.

6 같은 글, 373쪽.

7 Hearn(1904), *Japan*, pp.5~6.

8 일본 각지에 존재하는 용궁 동화의 주인공.

9 小泉節子(1970),「思い出の記」, 367~380쪽.

10 Bisland(1910), *The Japanese Letters of Lafcadio Hearn*, p.391.

11 우리의 추석에 해당하는 오봉날(음력 7월15일) 밤에 남녀들이 모여 조상령을 맞이 하여 위로하는 뜻으로 추는 윤무.

12 시마네 현 마쓰에 시 북부 해안에 접한 구케도바나(潜戸鼻)의 경승지.

13 中野好夫 편(1970), 『明治文學全集48 小泉八雲集』, 393쪽에서 재인용.

14 1882년에 창설된 일본 유도의 총본산. 현재 도쿄도 분쿄(文京) 구 가스가(春日)에 위치.

15 高木大幹(1986), 『小泉八雲』, 138쪽.

16 1854년에 일어난 대지진과 쓰나미를 배경으로 재해 복구에 힘쓴 기슈(紀州) 아리 타(有田)의 촌장. 헌은 재해 복구 후 하마구치가 살아 있는 동안에 그를 제사 지 내는 신사가 세워졌다고 적고 있지만, 이는 사실과 다르다.

17 大谷正信他 역(1926), 『小泉八雲全集』 10, 550쪽에서 재인용.

18 같은 책, 563쪽에서 재인용.

19 小泉節子(1970),「思い出の記」, 372쪽.

20 같은 글, 373쪽.

2장

1 Lowell(1888), *The Soul of the Far East*, p.15.

2 Bisland(1910), *The Japanese Letters of Lafcadio Hearn*, p.31.

3 Satow(1921), *A Diplomat in Japan*, pp.23, 60.

4 佐伯彰一・芳賀徹 편(1991), 『外國人による日本論の名著』, 61~63쪽에서 재인용.

5 Chamberlain, trans.(1981), *The Kojiki*, ⅰ쪽.

6 チェンバレン(1969), 『日本事物誌』 1, 231~232쪽.

7 Ota, *Basil Hall Chamberlain* 참조.

8 牧野洋子(1991),「ハーンとチェンバレン」, 44~46쪽.

9 チェンバレン(1969), 『日本事物誌』 1, 86~87쪽.

10 佐伯彰一・芳賀徹 편(1991), 『外國人による日本論の名著』, 118쪽에서 재인용.

11 太田雄三(1988), 『E.S.モース』, 220쪽에서 재인용.

12 ブルーノ・タウト (1962), 『日本美の再發見』, 34쪽.

13 같은 책, 25~26쪽.

14 하지만 '국화'와 '칼'이라는 두 상징이 단지 모순되는 양극단을 나타내는 것만은 아니다. 가령 여기서 '칼'은 '마음의 칼'을 품고 있는 일본인, 즉 책임과 명예를 중시하는 일본인의 이미지를 포함하고 있다. 박규태(2009), 『일본정신의 풍경』, 218쪽.

15 이 문화론적 개념들에 관해서는, 같은 책, 219~236쪽 참조.

16 가령 이즈모 대사 방문과 관련하여 헌은 "기즈키를 방문한 서양인이 대단히 드물다는 것과 신전 본당에 올라가는 것을 허락받은 사람이 없다는 것을 듣고 나서 나의 바람은 참을 수 없을 정도로 강렬해졌다"(기즈키)고 말한다.

17 한경구(2002), 「일본인론·일본문화론」, 81~82쪽.

18 Hearn(1927), *Glimpses of Unfamiliar Japan II* (이하 *Glimpses*), p.311.

19 같은 책, pp.303~304.

20 같은 책, p.313.

21 같은 책, p.311.

22 Hearn(1972), *Out of the East*, pp.62~63.

23 Hearn(1927), *Glimpses II*, p.317.

24 같은 책, p.312.

25 Hearn(1904), *Japan*, pp.181~182.

26 Hearn(1927), *Glimpses II*, p.312.

27 세켄 개념에 관해서는, 아베 긴야(2005), 『일본인에게 역사란 무엇인가』, 특히 15~18쪽 참조.

28 Hearn(1927), *Glimpses II*, p.325.

29 일본어판은 이 'outer world'를 '세켄'으로 번역하고 있다. ラフカディオ・ハーン (2000), 『新編 日本の面影』, 310쪽.

30 Hearn(1927), *Glimpses II*, p.311.

31 같은 책, p.301.

32 같은 책, p.325.

33 Hearn(1927), *Glimpses I*, p.46.

34 Hearn(1927), *Glimpses II*, p.318.

35 같은 책, p.303.

36 高木大幹(1981), 『小泉八雲と日本の心』, 33쪽.

37 같은 책, 35쪽.

38 Hearn(1927), *Glimpses Ⅱ*, p.316.

39 Hearn(1972), *Out of the East*, p.89.

40 같은 책, p.100.

41 같은 책, pp.94~100.

42 같은 책, p.92.

43 같은 책, p.104. 가령 성모 마리아 신앙에서 잘 엿볼 수 있듯이, '영원의 여성'이라는 관념은 서구의 종교, 철학, 예술, 윤리, 관습뿐 아니라 산업, 언어, 일상생활과 공적 생활 등에 이르기까지 국민성에 엄청난 영향을 끼쳤다. 헌에 의하면 서구에서는 이런 '영원의 여성'이라는 관념이 미학적으로 추상화되었고 이와 더불어 균형과 대칭의 미학이 발달했으며, 나아가 이를 통해 자연의 아름다움을 배웠다. 그 결과 서양에서 자연은 점점 더 여성적인 것이 되었고, 마침내 그것은 우주적 감성으로서의 여성적 범신론(feminine pantheism)으로 귀결되기에 이르렀다.

44 같은 책, pp.104~123.

45 라프카디오 헌(2010), 『라프카디오 헌, 19세기 일본 속으로 들어가다』, 232쪽.

46 Hearn(1904), *Japan*, pp.361~362.

47 같은 책, pp.365~366.

48 같은 책, pp.366.

49 라프카디오 헌(2010), 『라프카디오 헌, 19세기 일본 속으로 들어가다』, 236쪽.

50 같은 책, 296쪽.

51 Hearn(1927), *Glimpses Ⅰ*, pp.273~274.

52 Hearn(1972), *Out of the East*, pp.332~333.

53 같은 책, pp.336~337.

54 Bisland(1910), "The Japanese Letters of Lafcadio Hearn", p.213.

55 小泉節子(1970), 「思い出の記」, 379쪽.

56 勝部眞長(1991), 「ハーンとキリスト教」, 98쪽에서 재인용.

57 斉藤延喜(2011), 「ラフカディオ・ハーンと「近代の超克」」, 64쪽에서 재인용.

58 Hearn(1927), *Glimpses Ⅰ*, p.59.

3장

1 Hearn(1904), *Japan*, pp.57~58.

2 일본 농가 등에서 마룻바닥을 사각형으로 도려 파고 불을 피우는 난방 및 취사 장치.

3 Hearn(1966), *Japan's Religions*, pp.194~195.

4 각 지역에서 가장 중요한 신사를 가리키는 말. 일궁에 관해서는, 이노우에 노부 타카 외(2010), 『신도, 일본 태생의 종교시스템』, 124~127쪽 참조.

5 Hearn(1966), *Japan's Religions*, p.242.

6 Hearn(1904), *Japan*, p.470.

7 루스 베네딕트(2008), 『국화와 칼』, 144쪽.

8 Hearn(1904), *Japan*, p.283.

9 같은 책, pp.283~284.

10 아쓰타네에 의하면, "조상을 철저히 모시는 것이 모든 덕행의 주된 원천이다. 조상에 대한 의무를 다하는 자는 결코 신이나 살아 있는 양친에게 불경스러운 일을 행할 리가 없다. 이런 사람은 또한 주군에게는 충성을 다하고 친우에게는 충의와 신의를 지키며 처자에게는 친절하고 온화하다. 왜냐하면 이러한 헌신의 본질이 실로 효이기 때문이다."(가족 종교) Hearn(1966), *Japan's Religions*, p.221.

11 Hearn(1904), *Japan*, pp.303~304.

12 같은 책, p.473.

13 같은 책, p.473.

14 같은 책, pp.319~320.

15 같은 책, pp.14~15.

16 Hearn(1896), *Kokoro*, pp.111~112.

17 Hearn(1927), *Glimpses II*, p.83.

18 Hearn(1966), *Japan's Religions*, p.200.

19 일본적 선악관에 대해서는 박규태(1997), 「일본 신도에 있어 선악의 문제」 참조.

20 Hearn(1966), *Japan's Religions*, p.224.

21 같은 책, p.199.

22 고대 그리스인의 사고에 의하면, 사자의 망령은 훌륭한 묘지가 있고 적합한 공물을 받으면 기분이 좋아져서 제사 지내는 자들의 행복이 지속될 수 있도록 도

움을 베푼다. 그렇지 않은 경우 망령은 배고픔과 목마름으로 고통을 겪게 되어 분노하며 고약해져서 위령을 소홀히 한 자들에게 불행을 가져다준다는 것이다. 〔고대 제사〕같은 책, pp.201~202.

23 같은 책, p.203.

24 Hearn(1904), *Japan*, pp.301~302.

25 같은 책, p.283.

26 和辻哲郎·古川哲史 교정(1940), 『葉隱』(上), 23쪽 및 65쪽. 18세기 초에 성립된 『하가쿠레』는 나베시마(鍋島) 번(지금의 사가 현) 번사였던 야마모토 죠초(山本常朝)의 어록으로, 죽음을 무릅쓴 충성을 남자들끼리의 연애에 빗대어 설한 책이다.

27 Hearn(1966), *Japan's Religions*, pp.203~205.

28 같은 책, p.218.

29 『고대도시』는 고대의 신앙(제1편), 가족(제2편), 도시(제3편), 혁명(제4편), 도시 정체의 소멸(제5편) 등 5편으로 이루어져 있는데, 이 가운데 헌은 고대사회의 기초 원리를 언급하고 있는 제1편과 제2편의 틀을 『일본』에 그대로 채용하고 있다.

30 大東俊一(2001), 「ラフカディオ·ハーンと神道」, 27~30쪽.

31 덴무 천황기에 『고사기』와 『일본서기』 등의 편찬 작업이 시작됨으로써 고대 신도 신화의 체계가 이루어졌고, 천황을 중심으로 한 율령제적 제사 시스템이 형성되었다. 이를 배경으로 '신기[천신지기(天神地祇)의 준말]'라는 새로운 개념이 성립되었으며, 불교 사원의 영향을 받아 전국 각지에 신사가 세워지게 되었다. 박규태, 「신도는 과연 순수하게 고유한 일본만의 전통인가」, 이노우에 노부타카 외 (2010), 『신도, 일본 태생의 종교시스템』, 1~5쪽 및 井上寛司(2011), 『「神道」の虛像と實像』 참조.

4장

1 Hearn(1896), *Kokoro*, p.16.

2 Bisland(1906), *The Life and Letters of Lafcadio Hearn* I , pp.208~209.

3 사자의 영혼이 영매를 통해 생자와 교섭할 수 있다고 믿는 스피리추얼리즘은 서구 종교사에서 매우 뿌리가 깊고 다양한 흐름을 가지고 있지만, 미국의 경우 통상 1848년 뉴욕에서 폭스(Fox) 자매에 의해 시작되었다고 말한다.

4 千葉洋子(2004), 「ラフカディオ·ハーンとオカルティズム」, 40~41쪽.

5   Hearn(1897), *Gleanings in Buddha Field*(이하 *Gleanings*), p.3.

6   Hearn(1896), *Kokoro*, p.107.

7   ラフカディオ・ハーン(1964),「月がほしい」, 393쪽.

8   Bisland(1910), *The Japanese Letters of Lafcadio Hearn*, p.214.

9   같은 책, p.328.

10 Hearn(1904), *Japan*, p.340.

11 Hearn(1896), *Kokoro*, p.119.

12 Hearn(1966), *Japan's Religions*, pp.133~134.

13 Hearn, *Out of the East*, p.180.

14 Bisland(1906), *The Life and Letters of Lafcadio Hearn* Ⅰ, pp.291~292.

15 竹内信夫(1991),「ハーン「ニルバーナ」について」, 106쪽.

16 『동방성전』은 불교를 비롯하여 힌두교, 자이나교, 조로아스터교, 도교, 유교, 이슬람 등 동양 종교의 경전을 영어로 번역한 대저인데, 이 중 10권이 주요 불교 경전들을 수록하고 있다.

17 Bisland(1906), *The Life and Letters of Lafcadio Hearn* Ⅱ, p.26.

18 小泉節子(1970),「思い出の記」, 370쪽.

19 濱川博(1979),『風狂の詩人』, 115쪽.

20 Hearn(1904), *Japan*, p.209.

21 같은 책, p.220.

22 Hearn(1896), *Kokoro*, p.88.

23 Hearn(1972), *Out of the East*, pp.317~318.

24 Hearn(1904), *Japan*, p.220.

25 같은 책, p.211.

26 같은 책, p.225.

27 같은 책, p.225.

28 같은 책, pp.225~226.

29 식물체의 일부가 본체에서 떨어져서 새로운 개체가 될 수 있는 세포.

30 Hearn(1972), *Out of the East*, p.319.

31 Hearn(1897), *Gleanings*, p.255.

32 같은 책, p.221.

33 Hearn(1904), *Japan*, p.213.

34 Hearn(1897), *Gleanings*, p.212.

35 같은 책, p.218.

36 Hearn(1927), *Glimpses* I , p.31.

37 Hearn(1897), *Gleanings*, pp.211~212.

38 같은 책, pp.219~220.

39 진화론의 윤리적 가치에 주목하면서 우주가 순환적 진화에 의해 형성되었다고 본 헉슬리는 유전과 업의 사상적 유사성을 언급하는 등, 업, 윤회, 무아(無我), 제 행무상 등의 불교적 개념에 대해 과학적 설명을 적용했다. 헌은 이런 헉슬리의 영향을 받아 유전과 업을 동일시하면서 「전생 관념」에서 헉슬리를 인용하기도 한다. 한편 "개체발생은 계통발생을 요약한다"는 반복설로 유명한 헤켈은 진화론에 의해 확립된 '일원론적 종교'를 강력하게 내세우면서 기독교와 이원론 사상을 부정했다. 헌이 말하는 '고차적 불교'는 이와 같은 헤켈의 '일원론적 종교'와 유사성을 공유하고 있다. ジェームズ・バスキンド(2008), 「ラフカディオ・ハーンの佛教觀」, 145~149쪽.

40 Hearn(1904), *Japan*, p.212.

41 같은 책, p.210.

42 Bisland(1906), *The Life and Letters of Lafcadio Hearn* I , p.394.

43 Hearn(1966), *Japan's Religions*, p.170.

44 Spencer(1862), *First Principles*, p.447.

45 이는 라마르크적 진화론에 가까운 발상이다. 일반적으로 진화론은 크게 다윈 진화론(자연도태에 의한 변화)과 라마르크 진화론(획득형질의 유전)으로 구분된다. 진화론은 진화가 진전되면 될수록 더 복잡하고 완전해진다는 것, 진화에는 목적이 있다는 점을 전제로 한다. 가령 라마르크는 진화가 자연법칙에 따르면서 작동하며, 생물 개체가 진화하면 할수록 더 복잡해진다고 주장했다.

46 Hearn(1896), *Kokoro*, p.101.

47 Hearn(1966), *Japan's Religions*, p.32.

48 ジェームズ・バスキンド(2008), 「ラフカディオ・ハーンの佛教觀」, 140쪽.

49 Bisland(1910), *The Japanese Letters of Lafcadio Hearn*, p.328. 그런데 불가지론자 헌은 지적 인식 방법의 맥락에서 불교가 불가지론이 아니라는 점을 강조하

고 있다. 가령 헌은 스펜서와 불교 철학의 차이를 지적하면서 다음과 같이 말한다. "불교에서는 현상으로서의 현실성을 부정하지는 않지만, 그 영원성은 거부한다. 현상은 일시적이고 덧없는 것이며 보이는 그대로의 것이 아닌 환영에 불과한 것이다. 하지만 이런 불교의 관점을 불가지론(agnosticism)이라고 이해해서는 안 된다. 불교 사상은 불가지론과는 전혀 다른 것이다."〔고차적 불교〕 "불교 철학은 불가지론이 아니다. 그것은 가지론(gnosticism)으로서 불가지적인 것을 알고자 한다. 이에 반해 스펜서 학파 사상가들은 어디까지나 불가지론자이다. 가령 그들은 근원적 실체(primordial substance)를 마음의 실체라고 말하지 않는다. 하지만 헤켈 같은 독일의 진화론자들은 우주에 편재하는 감성을 말한다는 점에서 불교 철학의 가지론과 매우 흡사한 입장을 취한다."〔고차적 불교〕 Hearn(1904), *Japan*, pp.213, 219~220.

50　Spencer(1862), *First Principles*, p.22.

51　Hearn(1904), *Japan*, p.211.

52　Hearn(1966), *Japan's Religions*, pp.60~62.

53　Hearn(1904), *Japan*, pp.210~211.

54　Hearn(1896), *Kokoro*, p.95.

55　田部隆次(1914), 『小泉八雲』, 9~10쪽.

56　Hearn(1897), *Gleanings*, pp.90~91.

57　같은 책, p.232.

58　Hearn(1904), *Japan*, p.212.

59　Hearn(1927), *Glimpses* Ⅰ, p.29.

60　벤텐은 일본 민간신앙인 칠복신 중의 하나로, 원래 인도의 사라스와티 여신(음악과 예술의 여신)이 기원이며 음악과 재복을 관장하는 여신으로 널리 신앙 된다.

61　귀자모신은 인도에서 전래된 일본 민간신앙의 대상으로, 안산과 육아 등 아이를 지켜주는 수호여신으로 여겨진다.

62　경신 신앙은 간지(干支)의 하나인 경신에 해당하는 날에 행해지는 민간신앙으로 장생을 희구하는 도교에서 유래했다.

63　영장이란 영험한 순례자를 가리킨다.

64　Hearn(1966), *Japan's Religions*, pp.10~11.

65　Hearn(1904), *Japan*, p.188.

66 Hearn(1966), *Japan's Religions*, p.15.

67 같은 책, p.21.

68 Hearn(1927), *Glimpses* Ⅱ, p.50.

69 Hearn(1904), *Japan*, p.202.

70 Hearn(1966), *Japan's Religions*, p.26.

71 같은 책, pp.27~28.

72 안산을 주관하는 지장은 특별히 '고야스지장(子安地藏)'으로 불린다.

73 Hearn(1927), *Glimpses* Ⅰ, pp.54~55.

74 같은 책, p.166.

75 같은 책, p.65.

76 Hearn(1927), *Glimpses* Ⅰ, p.58.

77 같은 책, p.135.

78 Hearn(1927), *Glimpses* Ⅱ, p.317.

79 같은 책, p.318.

80 Hearn(1927), *Glimpses* Ⅰ, p.85.

81 "그때 부처님께서 두 눈썹 사이에 난 흰털로부터 한줄기 광명을 놓아 동쪽으로 1만8천 세계를 하나도 빠짐없이 비추었는데 아래로는 아비지옥에서 위로는 최고천에까지 이르렀다."(서품) 감산대사, 『한글세대를 위한 법화경』 상, 오진탁 옮김(세계사, 1993), 32쪽. 이 대목은 부처의 광명으로 인해 중생들이 직접 붓다 세계의 장엄함을 낱낱이 볼 수 있게 되었다는 것을 묘사하고 있다.

82 Hearn(1972), *Out of the East*, pp.158~159.

83 Hearn(1896), *Kokoro*, p.11.

84 Hearn(1966), *Japan's Religions*, p.8.

85 Hearn(1904), *Japan*, p.208.

86 같은 책, p.228.

87 같은 책, p.218.

88 Hearn(1966), *Japan's Religions*, p.16.

5장

1 Hearn(1927), *Glimpses* Ⅰ, pp.141~142.

2   노성환 역주(1987), 『고사기』 상, 162쪽.

3   이즈모 국조를 계승할 때 히쓰기(火繼=神火相續)라 불리는 의식이 행해지는데, 신
     화에 의하면 국조가의 조상 아메노호히신이 오우(意宇) 군[현재의 야쓰카(八束) 군]
     의 구마노 대신(熊野大神)에게 받은 히키리를 사용하여 일으킨 불로 재계한 후 오
     쿠니누시를 섬기게 되었다고 한다. 이 신화에 따라 대대로 이즈모 국조는 항상
     계승의식에서 이 히키리로 일으킨 불로 재계한다. 이는 역대 천황이 새로 즉위
     할 때마다 다카마노하라에서 천손강림한 니니기가 되는 대상제(大嘗祭) 의식을
     치르는 것과 마찬가지다. 새로 이즈모 국조가 될 자는 국조가에 고래로부터 전
     승되어 내려온 히키리를 가지고 국조관을 출발하여 오우군의 구마노 대사로 가
     서 히키리로 불을 지펴 그 불로 조리한 정결한 음식을 먹음으로써 비로소 이즈
     모 국조가 된다.

4   Hearn(1927), *Glimpses* Ⅰ, p.202.

5   같은 책, p.203.

6   황소연(2009), 「라프카디오 헌의 일본관」, 164쪽.

7   오쿠니누시의 아들(事代主神)을 가리킨다.

8   Hearn(1927), *Glimpses* Ⅰ, p.171.

9   Hearn(1897), *Gleanings in Buddha Field*, p.4.

10   신사의 기원은 히모로기(기이한 모양의 바위에 금줄을 친 것)나 이와사카(금줄을 두룬
     상록수)와 같은 자연물에 있다. 하지만 헌은 신사의 이와 같은 기원 및 나아가 그
     것이 한반도와 밀접한 관계가 있다는 점에 대해서는 알지 못했던 것 같다.

11   Hearn(1927), *Glimpses* Ⅰ, p.202.

12   チェンバレン(1969), 『日本事物誌』 2, 196쪽.

13   遠田勝(1991), 「小泉八雲と神々」, 34쪽.

14   Hearn(1904), *Japan*, p.27.

15   이런 주장에 대해 다이토는, 헌이 신도가 조상숭배 그 자체라고 말하지는 않지
     만 신도에 있어 조상숭배의 계기를 너무 과대평가하고 있으며, 또한 이는 신
     과 자연과 인간의 혈연적 연속성에서 '신도의 감각'을 본 마쓰에 시대 헌의 직관
     과 모순된다는 지적을 하기도 한다. 大東俊一(2001), 「ラフカディオ・ハーンと神
     道」, 27쪽.

16   Hearn(1904), *Japan*, p.182.

라프카디오 헌의 일본론

17 Hearn(1927), *Glimpses* Ⅱ, pp.56~57.

18 일본 신도의 '선악의 피안'적 선악관에 대해서는, 박규태(1997), 「일본 신도에 있어 선악의 문제」 참조.

19 Hearn(1896), *Kokoro*, pp.108~109.

20 Hearn(1927), *Glimpses* Ⅰ, p.203.

21 Hearn(1904), Japan, pp.100~101.

22 Hearn(1927), *Glimpses* Ⅱ, p.51.

23 遠田勝(1991), 「小泉八雲と神々」, 132쪽.

24 Starrs(2006), "Lafcadio Hearn as Japanese Nationalist", pp.195~196.

25 Hearn(1927), *Glimpses* Ⅰ, pp.34~35.

26 같은 책, p.122.

27 Hearn(1904), *Japan*, p.161.

28 Hearn(1927), *Glimpses* Ⅰ, p.169.

29 이즈모 대사 본전의 동서 양쪽에 늘어선 건축물로서 각 건물마다 19개의 문짝이 달려 있다.

30 Hearn(1927), *Glimpses* Ⅰ, pp.278~291.

31 Starrs(2006), "Lafcadio Hearn as Japanese Nationalist", p.195.

32 Hearn(1904), *Japan*, pp.379~380.

33 같은 책, p.302.

34 Hearn(1904), *Japan*, pp.476~477.

35 Hearn(1896), *Kokoro*, pp.38~39.

36 Hearn(1904), *Japan*, pp.276~277.

37 라프카디오 헌(2013), 「신국일본」.

38 小泉八雲(1942), 「神國日本」, 2쪽.

39 Hearn(1904), *Japan*, pp.462~463.

40 小泉八雲(1942), 「神國日本」, 8쪽.

41 「국체의 본의」와 「신민의 도」의 국체론에 관해서는, 박규태(2014), 「국가신도의 국체신학과 공사(公私)관념」 참조.

42 Hearn(1904), *Japan*, p.463.

43 Hearn(1927), *Glimpses* Ⅱ, p.49.

44 같은 책, pp.50~52.

45 Hearn(1904), *Japan*, p.379.

46 같은 책, p.464.

47 Hearn(1904), *Japan*, p.161.

48 같은 책, p.160.

49 Hearn(1927), *Glimpses* Ⅱ, p.51.

50 Starrs(2006), "Lafcadio Hearn as Japanese Nationalist", pp.197, 206~207.

51 Hearn(1927), *Glimpses* Ⅱ, p.51.

52 같은 책, p.131.

53 Hearn(1904), *Japan*, pp.48~49.

54 이런 확대 해석 또한 쿨랑주에게 빚진 바가 크다. 쿨랑주는 조국애가 조상에 대한 존숭의 염에서 유래했다고 말한다. 조국이 소멸하면 가정에서의 조상 제사도 할 수 없어지기 때문에 고대인들은 목숨을 바쳐 조국을 지키려 했다는 것이다. 퓌스텔 드 쿨랑주(2000), 『고대도시』, 281쪽.

55 Hearn(1904), *Japan*, p.50.

56 Hearn(1927), *Glimpses* Ⅱ, p.51.

57 박규태(2014), 「이세신궁 식년천궁과 근대 천황표상」, 45~48쪽.

58 Hearn(1904), *Japan*, p.32.

6장

1 Hearn(1927), *Glimpses* Ⅰ, pp.17~40.

2 같은 책, p.25.

3 황소연(2009), 「라프카디오 헌의 일본관」, 264~265쪽 참조.

4 Hearn(1904), *Japan*, p.382.

5 濱川博(1979), 『風狂の詩人』, 167쪽.

6 Hearn(1904), *Japan*, pp.362~363.

7 대표적으로 Stempel(1948), "Lafcadio Hearn" 참조.

8 나라 시대 쇼무(聖武) 천황조의 연호(729~749).

9 Bisland(1906), *The Life and Letters of Lafcadio Hearn* Ⅱ, p.56.

10 김형기 외(2005), 『가면과 욕망』, 113쪽에서 재인용.

라프카디오 헌의 일본론

11 같은 책, 25쪽.

12 Hearn(1904), *Japan*, pp.9~11.

13 같은 책, p.461.

14 Hearn(1896), *Kokoro*, p.16.

15 주한공사 재임 시 명성황후 암살에 중심적 역할을 했던 미우라 고로는 가쿠슈인(學習院) 총장 재직 시 '동양사학'이라는 과목을 개설한다. 훗날 일본에서 동양사학의 개척자가 된 시라토리가 1890년 도쿄 제국대학 졸업과 동시에 이 가쿠슈인 교수로 부임한 시점은 헌 일본 담론의 출발과 상징적으로 일치한다. 동양사학은 아시아에 대해 오리엔탈리즘의 문화적 헤게모니를 행사하기 위한 지식의 형태였다. 강상중(1997), 『오리엔탈리즘을 넘어서』, 115~120쪽.

16 같은 책, 118쪽.

17 같은 책, 120쪽.

18 같은 책, 123쪽.

19 가령 중국의 한족으로 대표되는 남의 세력과 북적(오랑캐)이라 통칭되는 북의 세력 사이의 거듭되는 흥기와 쇠망이 동양사의 국민 진전의 중추를 이루었다는 것이다. 마찬가지로 구미의 근대 또한 영국으로 대표되는 남의 세력과 러시아로 대표되는 북의 세력 간 대립이 역사 발전의 중추를 구성했다. 나아가 일본은 남쪽의 야마토 민족이 북쪽의 아이누 민족을 격퇴해서 남북의 양쪽 세력을 포괄하는 이상적인 문화를 형성해왔다. 이처럼 시라토리는 만선, 중앙아시아, 서역, 동유럽까지 확장시킨 '동양' 속에 '지나(중국)'까지 짜 넣은 '남북 이원론'에 의해 조선과 중국의 쇠퇴 및 그 원인을 밝히는 동시에, 계통적으로 일본이 동양의 여러 나라들과 근본적으로 다르다는 것을 실증하고자 했다. 스테판 다나카(2004), 『일본 동양학의 구조』, 145~159쪽 참조.

20 白鳥庫吉, 「史上より見たる歐亞の大勢」, 『白鳥庫吉全集』 8, 33쪽.

21 白鳥庫吉, 「日本に於ける儒教の順應性」, 『白鳥庫吉全集』 10, 236쪽.

22 Hearn(1927), *Glimpses I*, pp.100~101.

23 황소연(2009), 「라프카디오 헌의 일본관」, 173쪽.

24 高木大幹(1986), 『小泉八雲』, 191~192쪽.

25 Yoko(2004), "Lafcadio Hearn and Yanagita Kunio", pp.133~136.

26 Hearn(1896), *Kokoro*, p.16.

27 황소연(2009), 「라프카디오 헌의 일본관」, 169쪽.

28 김시덕(2010), 「역자 후기」, 281쪽에서 재인용.

29 Bisland(1906), *The Life and Letters of Lafcadio Hearn* II, p.184.

30 Hearn(1904), *Japan*, p.259.

31 같은 책, p.281.

32 Hearn(1927), *Glimpses* II, p.134.

33 池田雅之(2012), 「ラフカディオ・ハーンの神道体験と天皇観」, 53~55쪽에서 재인용.

34 Hearn(1904), *Japan*, p.263.

35 같은 책, pp.279~280.

36 Hearn(1927), *Glimpses* I, p.200.

37 Hearn(1904), *Japan*, p.302.

38 池田雅之(2012), 「ラフカディオ・ハーンの神道体験と天皇観」, 55쪽에서 재인용. 하지만 천황제에 대해 헌과는 다른 생각을 가졌던 체임벌린은 이에 대해 답글을 보내지 않았다.

39 Hearn(1904), *Japan*, p.477.

40 大谷正信他 역(1926), 「小泉八雲全集」10, 418쪽.

41 같은 책, 66쪽.

42 헌은 한편으로 사해동포라든가 인류애에 입각한 참된 관용의 정신을 강조한다. Hearn(1897), *Gleanings*, p.228.

43 Hearn(1896), *Kokoro*, p.5.

44 勝部眞長(1991), 「ハーンとキリスト教」, 98~99쪽.

45 Ota(1998), *Basil Hall Chamberlain*, p.155에서 재인용.

46 勝部眞長(1991), 「ハーンとキリスト教」, 98쪽에서 재인용.

종장

1 Hearn(1927), *Glimpses* I, p.229.

2 Hearn(1904), *Japan*, pp.391~394.

3 같은 책, pp.400~411.

4 같은 책, p.454.

5   같은 책, p.417.

6   같은 책, pp.395~397.

7   Hearn(1927), *Glimpses* Ⅱ, p.309.

8   Hearn(1904), *Japan*, p.391.

9   Hearn(1927), *Glimpses* Ⅱ, p.267.

10   Hearn(1904), *Japan*, p.254.

11   같은 책, p.471.

12   같은 책, p.477.

13   같은 책, p.473.

14   같은 책, pp.253~254.

15   같은 책, pp.458~459.

16   같은 책, pp.460~461.

17   같은 책, pp.383~384.

18   같은 책, p.450.

19   같은 책, p.456.

20   같은 책, p.468.

21   같은 책, p.470.

22   같은 책, pp.463~464.

23   모노노아와레에 관해서는, 박규태(2012), 「모토오리 노리나가의 모노노아와레론 재고」 참조.

24   Hearn(1904), *Japan*, pp.460~461.

맺음말

1   小泉節子(1970), 「思い出の記」, 382쪽.

2   Bisland(1906), *The Life and Letters of Lafcadio Hearn* Ⅱ, p.4.

참고문헌

전집

Lafcadio Hearn · Elizabeth Bisland(1922), *The Writings of Lafcadio Hearn*, Vol.16, Boston: Hou ghton Mifflin.

大谷正信他 역(1926~28), 『小泉八雲全集』 전17권 · 별권1권, 第一書房.

平井呈一 역(1964~67), 『小泉八雲作品集』 전12권, 恒文社.

西脇順三郎 · 森亮 감수(1980~88), 『ラフカディオ · ハーン著作集』 전15권, 恒文社.

柳田國男(1970), 『定本 柳田國男集』, 筑摩書房(신장판).

白鳥庫吉(1969~71), 『白鳥庫吉全集』, 岩波書店.

단행본 및 논문

Askew, Rie Kido(2006), "Lafcadio Hearn and three roads to national survival", *New Zealand Journal of Asian Studies 8(2)*.

Bisland, Elizabeth(1906), *The Life and Letters of Lafcadio Hearn Ⅰ*, Boston and New York: Houghton Mifflin. (Project Gutenberg ebook #42312, www.gutenberg.org)

＿＿＿＿＿＿(1906), *The Life and Letters of Lafcadio Hearn Ⅱ*, Boston and New York: Houghton Mifflin. (Project Gutenberg ebook #42313, www.gutenberg.org)

＿＿＿＿＿＿(1910), *The Japanese Letters of Lafcadio Hearn*, Boston and New York: Hougton Mifflin.

＿＿＿＿＿＿(1910), "The Japanese Letters of Lafcadio Hearn", *Atlantic Monthly*, February 1910.

Chamberlain, Basil Hall, trans.(1981), *The Kojiki: Records of Ancient Matters*, Rutland: Charles E. Tuttle Company.

Hearn, Lafcadio(1894), "The future of the far east", 『龍南會雜誌』 28. (http://hdl.handle.net/2298/4426)

_____(1896), *Kokoro: Hints and Echoes of Japanese Inner Life*, Boston: Houghton Mifflin. (Project Gutenberg ebook #8882, www.gutenberg.org)

_____(1897), *Gleanings in Buddha Field*, Boston & New York: Houghton Mifflin. (https://archive.org/stream/gleaningsinbuddh00hearrich#page/n4/mode/1up)

_____(1904), *Japan: An Attempt at Interpretation*, New York: Grosset & Dunlap. (Project Gutenberg ebook #5979, www.gutenberg.org)

_____(1914), *Exotics and Retrospectives*, Boston: Little, Brown & Company. (Project Gutenberg ebook #42735, www.gutenberg.org)

_____(1927), *Glimpses of Unfamiliar Japan* I / II, London: Jonathan Cape.

_____(1966), *Japan's Religions: Shinto and Buddhism.*

_____(1972), *Out of the East*, Rutland: Charles E. Tuttle Company.

Kennard, Nina H.(1912), *Lafcadio Hearn*, New York: D. Appleton and Company.

Lowell, Percival(1888), *The Soul of the Far East*, Boston and New York: Houghton, Mifflin.

McWilliams, Vera(1970), *Lafcadio Hearn*, New York: Cooper Square Publishers.

O'Dowd, Gregory V. G.(2006), "Lafcadio Hearn's views on the rise of nationalism in Meiji Japan and their relevance today", 《國際關係研究》 28-3, 日本大學.

Ota, Yuzo(1998), *Basil Hall Chamberlain: Portrait of a Japanologist*, Japan Library.

Spencer, Herbert(1862), *First Principles*, London: Williams and Norgate.

Satow, Ernest Mason(1921), *A Diplomat in Japan*, London: Seeley.

Starrs, Roy(2006), "Lafcadio Hearn as Japanese Nationalist", *Japan Review 18*.

Stempel, Daniel(1948), "Lafcadio Hearn: Interpreter of Japan", *American Literature vol. 20, no.1*, Mar.

Yoko, Makino(2004), "Lafcadio Hearn and Yanagita Kunio: Who initiated folklore studies in Japan?", 《成城大學經濟研究》 166.

Yu, Beongchon(1964), *An Ape of Gods: The Art and Thought of Lafcadio Hearn*, Detroit: Wayne State University Press.

池田雅之(2012),「ラフカディオ・ハーンの神道体験と天皇観」,《比較文學年誌》48.

井上寛司(2011),『「神道」の虚像と實像』, 講談社現代新書.

小泉節子(1970),「思い出の記」, 小泉八雲,『小泉八雲集』, 明治文學全集 48, 筑摩書房.

小泉八雲(1942),『神國日本』, 田部隆次・戶川秋骨 공역, 第一書房(개역판).

斉藤延喜(2011),「ラフカディオ・ハーンと「近代の超克」: 幻想光學 III」,《同志社大學英
        語英文學研究》88.

佐伯彰一・芳賀徹 편(1991),『外國人による日本論の名著』, 中公新書(7판).

ジェームズ・バスキンド(2008),「ラフカディオ・ハーンの佛教觀: 十九世紀科学思想
        との一致論を中心として」,《日本研究》37, 國際日本文化研究センター.

大東俊一(2001),「ラフカディオ・ハーンと神道」,《人間総合科学》2.

高木大幹(1981),『小泉八雲と日本の心』, 古川書房.

_____(1986),『小泉八雲: その日本學』, リブロポート.

竹内信夫(1991),「ハーン「ニルバーナ」について」,《國文學解釋と鑑賞》56(11).

田部隆次(1914),『小泉八雲』, 第一書房.

太田雄三(1988),『E.S. モース』, リブロポート社.

千葉洋子(2004),「ラフカディオ・ハーンとオカルティズム」,《國文學》49(11).

チェンバレン, B.H.(1969),『日本事物誌』1/2, 高梨健吉 역, 平凡社.

中野好夫 편(1970),『明治文學全集48 小泉八雲集』, 筑摩書房.

ブルーノ・タウト(1962),『日本美の再發見』, 篠田英雄訳, 岩波新書(19쇄 개정판, 초판은
        1939).

牧野洋子(1991),「ハーンとチェンバレン: 文化論の背景」,《成城大學経濟研究》
        111/112.

濱川博(1979),『風狂の詩人: 小泉八雲』, 恒文社.

勝部眞長(1991),「ハーンとキリスト教」,《國文學解釋と鑑賞》56(11).

遠田勝(1991),「小泉八雲と神々」,《國文學解釋と鑑賞》56(11).

ラフカディオ・ハーン(1964),「月がほしい」,『異國風物と回想』, 平井呈一 역, 恒文社.

_____(2000),『新編 日本の面影』, 池田雅之 역, 角川ソフィア文庫.

和辻哲郎・古川哲史 교정(1940),『葉隱』(上・中・下), 岩波文庫.

강상중(1997),『오리엔탈리즘을 넘어서』, 이경덕・임성모 옮김, 이산.

김시덕(2010), 「역자 후기」, 라프카디오 헌, 『일본 괴담집』, 김시덕 옮김, 도서출판 문.

김형기 외(2005), 『가면과 욕망』, 연극과 인간.

노성환 역주(1987), 『고사기』 상, 예전사.

라프카디오 헌(2010), 『라프카디오 헌, 19세기 일본 속으로 들어가다』, 노재명 옮김, 한울.

_____(2013), 『신국일본』, 박행웅·박화진 옮김, 한울.

루스 베네딕트(2008), 『국화와 칼』, 박규태 역주, 문예출판사(원저는 1946).

박규태(1997), 「일본 신도에 있어 선악의 문제: 모토오리 노리나가를 중심으로」, 《종교
　　　와 문화》 3, 서울대학교 종교문제연구소.

_____(2009), 『일본정신의 풍경』, 한길사.

_____(2012), 「모토오리 노리나가의 모노노아와레론 재고: 감성적 인식론의 관점에
　　　서」, 《일본연구》 17, 고려대학교 일본연구센터.

_____(2013), 「라프카디오 헌의 신도관: 내셔널리즘과 신국표상을 중심으로」, 《동아
　　　시아문화연구》 55, 한양대학교 동아시아문화연구소.

_____(2014), 「이세신궁 식년천궁과 천황표상: 새로운 신화-의례 만들기」, 《글로벌시
　　　대와 동아시아 문화의 표상(Ⅲ)》, 한양대학교 동아시아문화연구소 국제학술
　　　대회 자료집.

_____(2014), 「국가신도의 국체신학과 공사(公私)관념: 『국체의 본의』를 중심으로」,
　　　《종교문화비평》 26, 한국종교문화연구소.

스테판 다나카(2004), 『일본 동양학의 구조』, 박영재·함동주 옮김, 문학과지성사.

아베 긴야(2005), 『일본인에게 역사란 무엇인가: '세켄'(世間) 개념을 중심으로』, 이언숙
　　　옮김, 도서출판 길.

이노우에 노부타카 외(2010), 『신도, 일본 태생의 종교시스템』, 박규태 옮김, 제이앤
　　　씨.

퓌스텔 드 쿨랑주(2000), 『고대도시』, 김응종 옮김, 아카넷.

한경구(2002), 「일본인론·일본문화론」, 일본학교육협의회 엮음, 『일본의 이해』, 태학
　　　사(2판).

황소연(2009), 「라프카디오 헌의 일본관: 삶의 여정과 『괴담』 출판을 중심으로」, 《일본
　　　문화연구》 30.

인터넷 사이트

http://www.lib.shimane-u.ac.jp/0/collection/yakumo/index.asp (〈라프카디오 헌 데이터베이스〉 홈페이지).

http://www.toyama-u.ac.jp/tya/library/hearnlib.html (도야마 대학 〈헤른 문고〉 홈페이지).

http://www.matsue-tourism.or.jp/yakumo/ (〈고이즈미 야쿠모 기념관〉 홈페이지).

http://www.matsue-tourism.or.jp/kyukyo/ (〈고이즈미 야쿠모 구거〉 홈페이지).

http://yakumokai.org/ (〈야쿠모회〉 홈페이지).

http://www.aozora.gr.jp/index_pages/person258.html (일본어판 공개작품 전자텍스트).

http://teabreakt.studio-web.net/etext-koizumiyakumo.htm (일본어판 전자텍스트).

http://catalog.hathitrust.org/Record/001027427 (영어판 전집 전자텍스트).

http://www.gutenberg.org/browse/authors/h#a368 (프로젝트 구텐베르크 전자텍스트).

http://onlinebooks.library.upenn.edu/webbin/book/lookupname?key=Hearn%2C%20Lafcadio%2C%201850-1904 (영어판 작품별 전자텍스트).

찾아보기

287

박규태는 서울대학교 독어독문학과를 졸업하고 동 대학원 종교학과에서 문학석사 학위를, 일본 도쿄대학 대학원 종교학과에서 문학박사 학위를 받았다. 현재 한양대학교 일본언어문화학과 교수로 재직하고 있다. 주요 저서로 『포스트-옴시대 일본사회의 향방과 '스피리추얼리즘'』(2015), 『일본정신의 풍경』(2009), 『상대와 절대로서의 일본』(2005), 『일본의 신사』(2005), 『애니메이션으로 보는 일본』(2005), 『아마테라스에서 모노노케 히메까지』(2001) 외 다수가 있으며, 주요 역서로 『일본문화사』(폴 발리, 2011), 『신도, 일본태생의 종교시스템』(이노우에 노부타카, 2010), 『국화와 칼』(루스 베네딕트, 2008), 『신도』(스콧 리틀턴, 2007), 『황금가지 1·2』(제임스 프레이저, 2005), 『세계종교사상사 3』(엘리아데, 2005), 『일본신도사』(무라오카 쓰네쓰구, 1998), 『현대일본 종교문화의 이해』(시마조노 스스무, 1997) 외 다수가 있다.

대우휴먼사이언스 004

라프카디오 헌의 일본론
종교로 일본 상상하기

1판 1쇄 찍음 | 2015년 11월 25일
1판 1쇄 펴냄 | 2015년 12월 2일

지은이 | 박규태
펴낸이 | 김정호
펴낸곳 | 아카넷

출판등록 | 2000년 1월 24일(제406-2000-000012호)
주소 | 413-210 경기도 파주시 회동길 445-3
전화 | 031-955-9511(편집)·031-955-9514(주문) 팩시밀리 | 031-955-9519
www.acanet.co.kr

ⓒ 박규태, 2015

Printed in Seoul, Korea.

ISBN 978-89-5733-475-1 94330
ISBN 978-89-5733-452-2 (세트)

이 도서의 국립중앙도서관 출판예정도서목록(CIP)은 서지정보유통지원시스템 홈페이지(http://seoji.nl.go.kr)와 국가자료공동목록시스템(http://www.nl.go.kr/kolisnet)에서 이용하실 수 있습니다.(CIP제어번호:CIP2015031858)

이 제작물은 아모레퍼시픽의 아리따글꼴을 사용하여 디자인 되었습니다.